当代中国

当代中国经济

武 力 荣文丽 著

图书在版编目（C I P）数据
当代中国经济 / 武力，荣文丽著 . -- 北京 : 五洲传播出版社，2014.6（当代中国系列 / 武力主编）
ISBN 978-7-5085-2784-0

Ⅰ . ①当… Ⅱ . ①武 … ②荣… Ⅲ . ①中国经济－经济概况Ⅳ . ① F12

中国版本图书馆 CIP 数据核字 (2014) 第 124454 号

当代中国系列丛书

主　　编：武　力
出 版 人：荆孝敏
统　　筹：付　平

当代中国经济

著　　者：武　力　荣文丽
责任编辑：王　峰
图片提供：中新社　CFP　东方 IC　FOTOE
装帧设计：丰饶文化传播有限责任公司
出版发行：五洲传播出版社
地　　址：北京市海淀区北三环中路 31 号生产力大楼 B 座 7 层
邮　　编：100088
电　　话：010-82005927，82007837
网　　址：www.cicc.org.cn
承 印 者：北京市房山腾龙印刷厂
版　　次：2020 年 12 月第 1 版第 1 次印刷
开　　本：787×1092mm 1/16
印　　张：12.75
字　　数：200 千
定　　价：52.00 元

目录

前　言

从18世纪的“泥足巨人”“东方睡狮”到21世纪的“腾飞的巨龙”，中国走过了漫长的经济发展之路。特别是改革开放以来，中国经济获得了30多年的飞速发展（年均经济增长率接近10%）。中国经济取得了令人瞩目的成就，主要工农业产品产量居世界第一位，成为了第一大外贸出口国和第一大外汇储备国；中国的国际地位和影响力显著提升，成为了世界第二大经济体，并逐渐成为拉动世界经济增长的重要动力。历史的车轮就是如此势不可挡，当人们还在探索“李约瑟之谜”及“韦伯疑问”时，中国经济35年的高速增长已渐引起人们的广泛关注与思考。

中国作为世界的一部分，中国经济发展的成功和经验是人类文明发展中的组成部分。在人类探讨和认识整个社会发展规律的历程中，中国经济35年的高速增长也成为了人 类进一步认识社会经济发展的一个“谜”；解读中国经济，不仅可以更好地理解这个拥有五千年历史的悠久大国，也是人类探索整个社会发展的财富。

在经济持续高速发展的同时，中国追求可持续性发展。

道路关乎国家前途、民族命运、人民幸福，在中国这样一个经济文化十分落后的国家探索民族复兴道路，是极为艰巨的任务。每个国家和民族的历史传统、文化积淀、基本国情不同，其发展道路必然有着自己的特色。而中国探索经济发展道路的成功经验之一就是：中国经济发展道路的选择能够结合国际政治经济发展环境变化，从自己的国情出发，坚持走自己的路。中国发展道路的选择是历史的选择，是选择的历史。正如 2013 年 3 月份习近平在莫斯科国际关系学院演讲时提到的："一个国家的发展道路合不合适，只有这个国家的人民才最有发言权；鞋子合不合脚，自己穿了才知道。"

科学的认识与逻辑根植于历史发展的总趋势和总脉络之中，中国经济发展之谜的答案同样地根植于中国经济 60 余年的发展历程中，特别是改革开放以来中国经济发展的历程中。本书就以中国 60 余年发展历程为切入点，侧重于新世纪以来中国经济发展变化，展示中国经济取得的成就，探讨中国经济发展道路。

长三角（浙江）民营经济研究会成立大会
THE FOUNDING CONFERENCE OF THE RESEARCH ASSOCIATION OF PRIVATE ECONOMY
IN THE YANGTZE RIVER DELTA (ZHEJIANG)
驻上海经济贸易办事处
香港 内地
同根同心
2013香港巡回展览

中国经济发展的自然条件与经济制度

了解中国经济，首先需要了解中国经济发展的自然条件与基本经济制度。自然条件为中国经济发展提供了条件和基础，也制约着中国经济的发展。中国是一个地域辽阔、人口众多、人均资源匮乏的发展中大国，这是中国经济发展的基础和出发点。中国的经济体制与制度是中国从自己的国情出发，通过继承古代文化，吸收实践中的探索成果，借鉴国外的先进制度经验，形成的一套独具特色的中国经济发展体制与制度。这给中国经济发展指明了方向，为中国经济实现快速发展提供了制度保障。独特的文化传统，独特的历史命运，独特的基本国情，注定了中国必然要走适合自己特点的发展道路。

中国经济发展的基础和自然条件

与生产过程直接相关的经济资源，通常称为生产要素。经济学家习惯把生产要素按照三部分来分类，自然资源、劳动力和资本。因此，一个国家的地理条件、自然资源禀赋和人口情况对于经济发展有很大影响。中国地域辽阔，资源丰富，但人口众多，人均资源匮乏，且资源分布不均。改革开放以来，中国经济发展虽然取得了举世瞩目的成就，社会各项事业也有了很大进步，然而，中国的社会主义初级阶段的国情没有变，中国经济社会发展不平衡仍然是最大的一个国情。

内蒙古领土广袤，自然资源丰富，但发展不平衡。近年来。由于矿业行业的发展，内蒙古经济得到了很大的发展。

地理条件

中国位于亚洲大陆的东部、太平洋西岸，其版图的外形就像一只头朝东尾朝西、引吭高歌的雄鸡。陆地面积约 960 万平方公里，仅次于俄罗斯和加拿大，是世界上第三大国。从南到北，从东到西，距离都在 5000 公里以上。乘飞机从中国东北的哈尔滨到南方的海口，大约要 6 个多小时；从东北的长春到西部的乌鲁木齐，大约要 7 个小时。

中国陆地边界长达 2.28 万公里，东邻朝鲜，北邻蒙古，东北邻俄罗斯，西北邻哈萨克斯坦、吉尔吉斯斯坦、塔吉克斯坦，西和西南与阿富汗、巴基斯坦、印度、尼泊尔、不丹等国家接壤，南与缅甸、老挝、越南相连。东部和东南部同韩国、日本、菲律宾、文莱、马来西亚、印度尼西亚隔海相望。

中国海域面积 473 万平方公里，大陆海岸线长 1.8 万公里。中国大陆的东部与南部濒临渤海、黄海、东海和南海。渤海为中国的内海，黄海、东海和南海是太平洋的边缘海。

中国是个多山的国家，山区（山地、丘陵和高原）面积约占全国总面积的三分之二，盆地和平原只占三分之一。中国地势西高东低，大致呈阶梯状分布。最高一级阶梯为青藏高原，平均海拔 4000 米以上，号称“世界屋脊”。第二级阶梯从青藏高原向北、向东，由内蒙古高原、黄土高原、云贵高原和塔里木盆地、准噶尔盆地、四川盆地构成，平均海拔 1000—2000 米。第三级阶梯从大兴安岭、太行山脉、巫山和雪峰山向东到海岸线，多是海拔 200 米以下的平原，间有海拔 1000 米以下的丘陵或低山。第四级阶梯为大陆架浅海区，水深平均不到 200 米。

中国境内河流众多，流域面积在 1000 平方公里以上者多达 1500 余条。长江是中国第一大河，全长 6300 公里，仅次于非洲的尼罗河和南美洲的亚马逊河，为世界第三大河。黄河是中国第二大河，全长

2013 年 10 月，青海省海北藏族自治州雪后美景

5464 公里。长江流域和黄河流域都是中华文明的发源地。中国的大部分地区位于北温带，气候温和，四季分明，适宜人类居住与生存。

人口现状

中国是世界上人口最多的国家。2010 年第六次全国人口普查表明，全国总人口约为 13 亿 7053 万，其中，大陆 31 个省、自治区、直辖市和现役军人的人口共 13 亿 3972 万人，香港特别行政区人口约为 709 万人，澳门特别行政区约为 55 万人，台湾地区约为 2316 万人。大陆 31 个省、自治区、直辖市和现役军人的人口，同 2000 年的第五次全国人口普查相比，十年共增加 7390 万人，增长 5.84%，年平均增长率为 0.57%。汉族人口为 12 亿 2593 万人，占 91.51%，增长 5.74%；各少数民族人口为 1 亿 1379 万人，占 8.49%，增长 6.92%。居住在城镇的人口为 6 亿 6557 万人，占 49.68%，比重上升 13.46 个百分点；居住在乡村的人口为 6 亿 7415 万人，占 50.32%。

大陆31个省、自治区、直辖市和现役军人的人口中，具有大学（指大专以上）文化程度的人口为1亿1963万人；具有高中（含中专）文化程度的人口为1亿8798万人；具有初中文化程度的人口为5亿1965万人；具有小学文化程度的人口为3亿5876万人（以上各种受教育程度的人包括各类学校的毕业生、肄业生和在校生）。同2000年第五次全国人口普查相比，每10万人中具有大学文化程度的由3611人上升为8930人；具有高中文化程度的由11146人上升为14032人；具有初中文化程度的由33961人上升为38788人；具有小学文化程度的由35701人下降为26779人。

随着生活水平的提高和公共卫生事业的进步，中国人口总体健康状况有了极大改善。婴儿死亡率持续下降，人均预期寿命显著提高。根据2010年第六次全国人口普查详细汇总资料计算，人口平均预期寿命达到74.83岁，比2000年的71.40岁提高3.43岁。2010年婴儿死亡率为13.93‰，比2000年的28.38‰下降14.45个千分点，平均每年下降1.45个千分点。

2011年中国人口占世界人口比重由22%下降至19%，与改革开放初期相比，中国的人口平均预期寿命从68岁提高到73.5岁，达到中等发达国家水平。

表 1–1　2012 年中国人口构成							
全国总人口	按性别分		按城乡分		按年龄分		
13550 万人	女性	男性	乡村	城镇	14 岁以下	15-59 岁	60 岁以上
	48.7%	51.3%	47.4%	52.6%	16.5%	69.2%	14.3%
资料来源：中国国家统计局《中华人民共和国 2012 年国民经济和社会发展统计公报》							

流动人口增加。大陆 31 个省、自治区、直辖市的人口中，居住地与户口登记地所在的乡镇街道不一致且离开户口登记地半年以上的人口为 2 亿 6138 万人，其中市辖区内人户分离的人口为 3996 万人，不包括市辖区内人户分离的人口为 2 亿 2142 万人。同 2000 年第五次全国人口普查相比，居住地与户口登记地所在的乡镇街道不一致且离开户口登记地半年以上的人口增加 1 亿 1699 万人，增长 81.03%。中国人口密度高且分布颇不均衡。每平方公里的平均人口密度为 142 人，东部沿海地区人口密集，每平方公里超过 400 人；中部地区每平方公里 200 多人；西部高原地区人口稀少，每平方公里不足 10 人。

自然资源

中国国土面积 960 万平方公里，海域面积 473 万平方公里。国土面积居世界第 3 位，但按人均占土地资源论，在面积位居世界前 12 位的国家中，中国居第 11 位。中国地形、气候十分复杂，土地类型复杂多样，为农、林、牧、副、渔多种经营和全面发展提供了有利条件。但也要看到，有些土地类型难以开发利用。例如，中国沙质荒漠、戈壁合占国土总面积的 12% 以上，改造、利用的难度很大。而对中国农业生产至关重要的耕地，所占的比重仅 10% 略多。

中国水能资源蕴藏量达 6.8 亿千瓦，居世界第一位。但水资源的分布情况是南多北少，而耕地的分布却是南少北多。比如，中国小麦、

2014年5月，受去年“暖冬”和今年“暖春”气候影响，中俄界江——黑龙江黑河段出现大面积河床干涸显露江底现象。

棉花的集中产区——华北平原，耕地面积约占全国的40%，而水资源只占全国的6%左右。水、土资源配合欠佳的状况，进一步加剧了中国北方地区缺水的程度。

中国矿产资源丰富，矿产171种，已探明储量的有157种，但地区分布不均匀，如铁主要分布于辽宁、冀东和川西，西北很少；煤主要分布在华北、西北、东北和西南区，其中山西、内蒙古、新疆等省区最集中，而东南沿海各省则很少。

经济社会发展不平衡

中国地区差异大、人口多、底子薄、经济发展不平衡，是经济和社会发展面临的长期基本国情。新中国成立时，国家安全和迅速改变贫穷落后面貌是党和人民的迫切要求，“急于求成”“大干快上”几乎是各个地区、各个产业、各个阶层的渴望。如何处理这个矛盾，实现全面、协调、快速发展，始终是中国共产党面临的最重大问题。如何解决资金和资源短缺、大量人口从农业向二、三产业转移，是中国工业化所遇到的最大难题；同样，如何解决中国工业水平落后、能耗高、投入产出比低的效益问题，也是中国共产党和政府长期关注和要解决的基本问题之一。20 世纪 50—60 年代的几次重大经济体制变革，都是与解决上述问题密切相关的。

改革开放后中国经济得到平稳较快发展，综合国力大幅提升，中国经济总量在世界经济中的排名不断攀升，1970 年为第八名，到 2010 年成为第二名。但发展中不平衡、不协调、不可持续问题依然突出。

以劳动者报酬率的变化为例，1978—1995 年间，一直在 49%—55% 之间波动，但是 1995 年之后则持续下降，从 1995 年的 51.44% 下降到 2007 年的 39.68%。据有关专家研究，劳动者报酬率下降 1% 对居

昔日贫穷落后的江苏省江阴市华西村，在改革开放之后，发展成为全国农村走共同富裕道路的典型。

2013 年前三季度中国农村居民收入增速快于城镇，扣除价格因素，城镇居民人均可支配收入实际增长 6.8%，农村居民人均现金收入实际增长 9.6%。

民消费的消极影响，1978 年为 GDP 的 0.72%，1995 年为 GDP 的 0.64%，2007 年为 GDP 的 0.65%。劳动者报酬率的持续下降是阻碍居民扩大消费的主要因素之一。

再以科研和教育投入来看，与经济发展的速度也是不相称的。中共中央在 1995 年就提出了科教兴国战略，但是“十五”计划和“十一五”规划时期，研发经费占 GDP 的比重均没有达到目标，“十五”计划目标为 1.5%（实际只达到 1.3%），“十一五”规划目标为 2%（实际只达到 1.8%），均低于世界平均水平（2007 年世界平均水平为 2.2%，多数国家平均水平是 2.45%，其中美国是 2.67%，日本是 3.44%）。

就城乡之间的居民收入来说，经历 20 世纪 80 年代短暂的差距缩小，90 年代到 2008 年以前，呈现出不断扩大的趋势。城乡之间的居民收入差距 2007 年达到峰值，此后有所下降。

表 1-2　1978–2012 年城乡居民收入差距的变化

年份	农村居民家庭人均纯收入（元）	城镇居民家庭人均可支配收入（元）	城乡居民人均收入差额（元）	城乡居民人均收入比例（倍）
1978	133.6	343.4	209.8	2.57
1980	191.3	477.6	286.3	2.50
1985	397.6	739.1	341.5	1.86
1990	686.3	1510.2	823.9	2.20
1995	1577.7	4283.0	2705.3	2.71
2000	2253.4	6280.0	4026.6	2.79
2003	2622.2	8472.2	5850	3.23
2007	4140.4	13785.8	9645.4	3.33
2008	4761	15781	11020	3.31
2010	5919	19109	13190	3.23
2012	7917	24565	16648	3.1

资料来源：中国国家统计局《中国统计摘要》和《中华人民共和国 2012 年国民经济和社会发展统计公报》

就区域之间的发展差异来说，东、中、西部的区位条件、原有基础以及政策倾斜等条件的差异，使得改革开放以来东、中、西部地区之间的差距呈现出不断扩大的趋势。从 1980 年到 2002 年，东部地区 GDP 名义年均增长速度与中、西部地区相比，分别高出 1.6 个和 1.7 个百分点，其中，1980—1990 年，东部地区 GDP 名义年均增长速度只比中、西部地区分别高 0.93 个和 0.5 个百分点；90 年代以后，随着东部市场化程度的不断提高，非公有制经济的迅速发展，特别是对外开放领域的不断扩大，东部发展动力明显强于中、西部，GDP 名义年均增长速度比中、西部分别高 2.2 个和 2.8 个百分点。

2012 年 17 省份公布居民收入，上海人均超 4 万元居首。

1978 年，中国东部地区与中、西部地区之间人均 GDP 的绝对差距分别为 153.6 元和 212.9 元，到 1990 年分别扩大到 700.1 元和 885.8 元，1998 年又分别扩大到 4270 元和 5490.9 元（以上均当年价格）。再从相对差距来看，在 1983—1998 年间，中国东部与西部地区人均 GDP 的相对差距系数则由 44.4% 迅速增加到 57.7%，西部地区的人均 GDP 水平已不到东部地区的一半。这种地区之间的不均衡发展，不仅限制了扩大内需，而且不利于西部地区的社会稳定，西部大开发、中部崛起、振兴东北工业基地等加强区域协调发展战略正是在这个背景下提出的。

就社会各阶层之间的差距来说，收入分配在不同群体和阶层之间存在着较大差异，呈现出中低收入群体的收入比重下降，高收入群体的比重上升，收入向高收入群体集中的现象。据世界银行估计，1982 年中国全国居民收入基尼系数为 0.28，1990 年上升为 0.35，2001 年为 0.45。据中国社会科学院经济研究所收入分配课题组研究，全国居民收入基尼系数差距由 1988 年的 0.382 上升到 2002 年的 0.454。2012 年

2012 年 9 月，北京市西直门附近，一个孩子在一处待拆迁的棚户区附近玩耍。

1 月，中国国家统计局首次公布 2003 至 2012 年基尼系数，2008 年中国基尼系数曾达到 0.491，此后逐步回落，2012 年基尼系数为 0.474。收入差距的持续扩大，会对社会安定产生不利影响，同时也严重制约了城乡市场开拓和消费需求扩大。

目前，中国经济发展存在着如下一些问题：科技创新能力不强，产业结构不合理；农业基础依然薄弱，资源环境约束加剧，制约科学发展的体制机制障碍较多，深化改革开放和转变经济发展方式任务艰巨；城乡区域发展差距和居民收入分配差距依然较大；社会矛盾明显增多，教育、就业、社会保障、医疗、住房、生态环境、食品药品安全、安全生产、社会治安、执法司法等关系群众切身利益的问题较多，部分群众生活比较困难。中国要继续保持经济的持续、稳定、健康发展，必须保持清醒头脑，增强忧患意识，深入分析问题背后的原因，采取有效举措加以解决。

中国的基本经济制度和政策

改革开放以来，中国对高度集中的计划经济体制和单一的所有制结构进行改革，形成公有制为主体、多种所有制经济共同发展的基本经济制度；建立和完善社会主义市场经济体制，形成按劳分配为主体、多种分配方式并存的分配制度；形成在国家宏观调控下市场对资源配置发挥基础性作用的经济管理制度。在不断深化经济体制改革的同时，不断深化政治体制、文化体制、社会体制以及其他各方面体制改革，不断形成和发展符合当代中国国情、充满生机活力的新的体制机制，为中国经济繁荣发展、社会和谐稳定提供了有力的制度保障。

中国特色的社会主义市场经济体制

建立社会主义市场经济体制是中国经济体制的发展方向，也是实现中国工业化、城市化和现代化的最根本途径，它使得中国目前的社会主义经济具有鲜明的中国特色，已经完全不同于 1978 年以前世界各社会主义国家实行的以单一公有制和计划经济为特征的社会主义经济。

1949 年新中国成立后，中国在当时的国际国内情境下，在经济体制方面逐步建立了高度集中的计划经济体制。这种计划经济体制的效率是随着经济结构和规模的大小而变化的。在信息成本较小、消费需求和商品供给结构比较单一的条件下，通过计划配置资源有一定的合理性。然而，随着经济体的不断壮大，消费需求结构日益复杂，产品结构日益多样的情况下，计划经济模式的弊端就会凸显出来。

中国计划经济体制的弊端主要体现在：（1）所有制的形式日趋单一化，即公有制一统天下，排斥其他的所有制；而在公有制经济中，国有经济又处于统治地位。（2）在公有制经济的经营管理方面，无论是国有经济还是集体经济，经营决策权都集中在各级政府手中，企业成为各级政府机构的附属物，失去了独立性，只不过是政府这个大企业中的一个车间而已。政府管理经济的手段主要是行政方法，即通过行政命令和实物调拨来配置资源。（3）市场配置资源的功能非常弱，甚至基本上没有发挥作用。（4）在收入分配上实行高度集中的计划管理，不仅国有企业吃国家的“大锅饭”，职工吃企业的“大锅饭”；而且在集体经济内部也是实行平均主义的分配方式，成员“干多干少一个样，干好干坏一个样”，因此企业和个人在生产经营中缺乏积极性。

改革开放之前 30 年的实践证明，这种单一公有制和计划经济体制越来越不能适应经济发展的需要，甚至成为经济发展的障碍。于是，中国共产党和政府开始逐步探索经济体制改革的目标和模式，由于没有现成的经验和模式可以采用，就采取了“摸着石头过河”的办法去探索，这一探索过程则伴随着对计划和市场关系的看法的逐渐改变。

在改革的开始阶段（1978—1984 年），中国在政府对国民经济的管理方面，也不完全是过去的计划经济了，而是注意发挥市场调节的作用，即实行有计划的商品经济。但这个时候，人们的思想还不够解放，计划经济的总体框架还不敢突破，市场调节只能起辅助作用，即当时所说的“计划管理为主，市场调节为辅”。

市场机制一旦引入，不可避免地要与原来的计划管理体制发生一定的矛盾和冲突。1984 年 10 月，中共十二届三中全会作出了《中共中央关于经济体制改革的决定》，明确社会主义经济是有计划的商品经济，对 20 世纪 80 年代初开始关于社会主义经济是不是商品经济的讨论作了科学总结，从而向确立社会主义市场经济论迈出了决定性的步伐。

1987 年中国共产党十三大对社会主义经济的认识进一步深化，改革的目标被确定为“国家调控市场，市场引导企业”，市场机制实际上被认为应该发挥基础性的调节作用。

计划经济时代的产物，中华人民共和国商业部军用供给粮票。

1992年春，邓小平在南方谈话中，进一步阐述了他对计划和市场问题的看法，说："计划多一点还是市场多一点，不是社会主义和资本主义的本质区别。计划经济不等于社会主义，资本主义也有计划；市场经济不等于资本主义，社会主义也有市场。计划和市场都是经济手段。"同年9月，中共十四大报告把中国经济体制改革的目标确定为社会主义市场经济体制，使市场在资源配置中发挥基础性作用。这标志着对经济改革理论的认识达到一个崭新的阶段。1993年，中共十四届三中全会《关于建立社会主义市场经济体制若干问题的决定》，确定了社会主义市场经济体制的基本框架。建立社会主义市场经济体制需要有三个支柱支撑:（1）建立多种经济成分并存的市场主体和以"股份制"为核心的现代企业制度；（2）形成以市场决定价格的微观经济运行机制，市场机制在资源配置中发挥基础性作用；（3）确立以财政和金融为主要杠杆的宏观调控手段。在这种经济体制下，市场配置资源的作用不仅被重新强调，而且居于基础性的地位。与计划经济体制相比，上述三个变化是带有根本性的制度变革。

社会主义市场经济体制是与中国的基本国情、独特的历史路径以及目前所处的发展阶段结合在一起的，是与中国人民的社会主义制度

2014 年 5 月 6 日，第 2 届中国新型城镇化峰会在国家行政学院举行。会上发布了《中国新型城镇化健康发展报告》蓝皮书。

诉求结合在一起的。因此，除了市场经济的基本属性外，还有不同于世界其他国家市场经济的一些特征：

第一，公有制的主体地位。从所有制结构上看，中国的社会主义市场经济是在以公有制为主体、包括私人经济在内的多种经济成分共同发展的条件下运行的市场经济。这与以生产资料私有制为基础的市场经济不同。的确，随着市场化改革的推进，公有制的内涵逐渐发生着变化。比如，1997 年，中共十五大把公有制经济的范畴扩展到国有股占据主导的股份制企业。但即便如此，也与西方资本主义国家不同。既要坚持以公有制为主体，又要实行市场经济，这是一个前无古人的伟大创举。

第二，中国共产党领导下的多党协商的政治体制，是社会主义市场经济运行的政治基础。在中国这样一个大国，工业化、现代化的建设，国家的统一，领土的完整、人民的团结，社会的和谐，民主的发展，都需要一个强有力的政党的领导。没有一个具有现代化意识、执政能力强和代表最广大人民利益的政党，难以完成工业化、现代化重任，也不能有效保证国家的统一。改革开放以来的实践证明，中国共产党不仅有能力让中国人民站起来，也有能力让中国人民富起来。社会主义市场经济体制是实现中华民族伟大复兴的必由之路，是一项艰难的开创性事业，必须有政府的强有力的宏观调控，才能为市场经济创造一个稳定、安全、有序、公正的社会经济环境。

第三，实现社会的公平正义、实现全体人民共同富裕是中国社会主义市场经济体制的目标诉求。公平正义，是人类追求美好社会的一个永恒主题，是社会发展进步的一种价值取向。在中国古代，孔子就提出：“有国有家者，不患寡而患不均，不患贫而患不安。盖均无贫，和无寡，安无倾。”实现社会公平正义，是中国特色社会主义的重大任务和本质要求。实现全体人民共同富裕也是如此。实行市场经济，虽然允许合理的收入差距，鼓励一部分人先富起来，但也是先富带动后富，最终达到共同富裕。

公有制为主体的混合所有制结构

所有制结构是指各种不同的生产资料所有制形 式在一定的社会经济形态中所处的地位和所占的比重，以及它们之间的相互关系。居于支配和主导地位的所有制性质决定着该社会所有制结构的性质。中国所有制结构经历了一个剧烈的变迁过程。

1949 年后，中国进入新民主义经济社会，存在五种经济成分：社会主义性质的国营经济、半社会主义性质的合作社经济、农民和手工业的个体经济、私人资本主义经济和国家资本主义经济。1953—1956年，中国政府完成了对个体农业、个体手工业和资本主义工商业的社会主义改造。经过“三大改造”，中国基本消灭了私有制，实现了公有制，使中国从新民主主义社会跨入了社会主义社会。个体农业和手工业被改造成社会主义集体经济，私人资本主义经济则被改造成社会主义国营经济。

传统社会主义理论认为，消灭了私有制就等同于进入社会主义。因此，受苏联模式和优先发展重工业赶超战略等因素的影响，中国单纯追求所有制形式的“先进性”，并将非公有制经济视为“资本主义的尾巴”进行排斥和限制打击，片面地将单一公有制作为基本经济制度。

1978 年改革开放之前，中国公有制经济基本上一统天下，仅有个体经营 14 万户，从业人员 15 万人，私营经济和外资几乎消失殆尽。然而实践证明，这种所有制形式脱离了中国生产力总体水平较低、生产社会化程度不高和具有多层次性和不平衡性的现实，束缚了生产力的发展。

2006 年 5 月 23 日，中国首届民营经济科学发展论坛暨长三角（浙江）民营经济研究会成立大会在浙江省人民大会堂隆重举行。

改革开放以来，人们逐渐认识到，中国需要多种所有制经济并存和发展，以便调动各方面力量，走出贫困、落后的状态。实际上，同一种所有制在生产力发展的不同的阶段，也可以采取不同的实现形式。公有制实现形式可以而且应当多样化，不仅包括国家所有制、集体所有制、合作制、股份合作制，还应该包括多种形式的混合所有制经济中的公有制成分，一切反映社会化生产规律的经营方式和组织形式都应该大胆利用。

20 世纪 80 年代初，从解决城市就业和农村富余劳动力出路的角度，中国鼓励发展个体经济，还没有上升到社会主义基本经济制度层面去考虑非公有制经济问题，只是“将一定范围内的劳动者个体经济看作是公有制经济的必要补充”。随着改革开放实践的发展，非公有制经

浙江义乌 1982 的第一代小商品市场。

济在促进国民经济增长、扩大社会就业、活跃市场和方便群众生活等方面的作用日益突出，相应地，中国政府也开始肯定非公有制经济在现有生产力水平下存在发展的必要性。1982 年，中共十二大指出：“鼓励劳动者个体经济在国家规定的范围内和工商行政管理下适当发展，作为公有制经济的必要的、有益的补充。”

随着对中国国情及发展阶段认识的深入，人们认识到，社会主义市场经济体制是同社会主义基本制度结合在一起的。建立社会主义市场经济体制，就是要使市场在国家宏观调控下对资源配置起基础性作用。为实现这个目标，必须坚持以公有制为主体、多种经济成份共同发展的方针。

从社会主义初级阶段的实际出发，1997 年中共十五大提出：非公有经济是社会主义市场经济的重要组成部分。2002 年，中共十六大报告总结了所有制改革的实践经验，提出了两个“毫不动摇”：“必须毫不动摇地巩固和发展公有制经济，必须毫不动摇地鼓励、支持和引导非公有制经济发展”；指出“各种所有制经济完全可以在市场部分中发挥各自优势，相互促进，共同发展”，“不能把这两者对立起来”，要把它们“统一于社会主义现代化建设的进程中”，即要使公有制和非公有制经济发挥各自的所有制优势，相互依存和补充；要使公有制和非公有制经济相互竞争和推动，在竞争中使两者互动、双赢；要使公有制和非公有制经济相互渗透和交融。2007 年中共十七大报告进一步提出“坚持平等保护物权，形成各种所有制经济平等竞争、相互促进新格局”，深化了社会主义基本经济制度的内涵。

同时，对公有制实现形式的认识也逐渐深入。过去，中国将公有制主体地位主要理解为数量和结构优势，尤其对其中的国有企业，认为其资产的绝对数量应当在社会总资产中占到简单多数，并认为已经是公有制的集体经济还需要加快过渡到全民所有制。1997 年，中共

2005 年 12 月 12 日，安徽省亳州市首家股份合作制金融机构正式挂牌。

十五大突破了这种不分地区、不分产业、不讲质量的笼统的“公有制主体地位”认识，提出公有制的主体地位主要体现在：公有资产在社会总资产中占优势；国有经济控制国民经济命脉，对经济发展起主导作用。这是就全国而言，有的地方、有的产业可以有所差别。公有资产占优势，要有量的优势，更要注重质的提高。国有经济起主导作用，主要体现在控制力上。只要国家控制经济命脉，国有经济的控制力和竞争力得到增强，国有经济的比重减少一些，不会影响中国的社会主义性质。国有经济的内涵随着时代的变化也产生了变化。过去是国有国营，所有权经营权合二为一，现在是国有控股，投资主体多元化，有大量的社会投资，特别是现在的国有上市公司，拥有大量的外部资本。2003 年中共十六届三中全会《关于完善社会主义市场经济体制若干问题的决定》，又进一步提出股份制是公有制主要实现形式的论断。2013 年 11 月，中共十八届三中全会通过的《中共中央关于全面深化改革若干重大问题的决定》进一步提出：国有资本、集体资本、非公有

2011 年 11 月，河南安阳，个体工商户缴纳管理费。

资本等交叉持股、相互融合的混合所有制经济，是基本经济制度的重要实现形式，有利于国有资本放大功能、保值增值、提高竞争力，有利于各种所有制资本取长补短、相互促进、共同发展；允许更多国有经济和其他所有制经济发展成为混合所有制经济；国有资本投资项目允许非国有资本参股；允许混合所有制经济实行企业员工持股，形成资本所有者和劳动者利益共同体。

中国还制定和完善了促进非公有制经济发展的法律法规，完善了保护私人财产的法律制度。1999 年，全国人大第三次修改宪法，明确了“在法律规定范围内个体经济、私营经济，是社会主义市场经济的重要组成部分”。2004 年，全国人大第四次修改宪法，承认了合法私有财产的法律地位。2005 年，国务院出台了《关于鼓励支持和引导个体私营等非公有制经济发展的若干意见》。2007 年，《物权法》《企业所得税法》《反垄断法》《劳动合同法》等一系列与推进公有制经济改革、促进非公有制经济发展相关的法律相继出台。

总之，基于社会主义初级阶段的认识，中国最终确立了“公有制为主体、多种所有制经济共同发展”的社会主义初级阶段的基本经济制度。在继续发展公有制经济的同时，允许和鼓励、引导个体、私营等非公有制经济的发展，积极扶持以个体经济为主体的小微企业发展来扩大就业，从而调动了各方面的积极因素，大大解放了社会生产力，实现了经济迅速起飞并创造出让世人瞩目的“中国奇迹”。随着实践的发展，中国还会进一步深化对所有制结构问题的认识，丰富和发展社会主义市场经济理论，并进而指导中国经济发展的实践。

政府与市场两手并用

政府与市场的关系是每一个国家都需要处理的重要关系之一。在经济学理论中，这个关系也占有绝对重要的地位。中国的市场经济不同于西方发达国家，中国的政府和市场关系也不同于西方。中国既要发挥政府在经济发展中的稳定器作用，也要发挥市场在资源配置中的基础性作用。政府是市场体制中的政府，市场是政府监管下的市场。二者相辅相成，相得益彰。中国这种携手合作的政府与市场关系也是经济持续快速发展的因素之一。

中国在计划经济时代初期，政府发挥的作用要大些。因为在那个时期，国家安全问题突出，国民经济带有战时经济的色彩，而且国民经济的规模也较小，信息成本相对较低，整个社会的需求结构和供给结构也比较单一。另外，当时中国面对的外部环境充满了不确定性，为了在世界舞台上立足，需要着力发展重工业和国防事业。为此，也需要一个强力的组织来进行资源配置，而最强有力的组织当然就是政府。事实证明，在新中国经济建设的早期，通过政府进行资源配置也完成了其历史使命，即在中国建立了独立的工业体系，稳步屹立于世界民族之林。在国际环境持续封锁的条件下，用农业积累资本和出口创汇获得了工业化所需的资本。

随着国民经济规模的不断发展壮大和消费结构和供给结构的日益复杂化，政府收集信息的成本越来越高，通过政府来进行资源配置的弊端也不断凸显。因此，从1978年改革开放以后，在微观经济运行方面，政府逐渐让位于市场，让市场机制在经济发展中越来越发挥着基础性的资源配置作用。这样的制度变迁使得经济发展取得了显著成就。改革开放30多年来，中国的工业、农业、第三产业、对外贸易以及GDP总量、人均GDP等指标都有了大幅度的跃升。到2010年，中国已经成为世界上仅次于美国的第二大经济体。人民生活稳步提高，整个社会安定和谐。

西方的经济发展史同样证明政府和市场可以在不同的历史条件下发挥各自不同的作用。中国作为一个产业结构和经济体制双重转型的国家，政府和市场作用的良好配合是必不可少的。中国的制度变迁取向是社会主义市场经济体制，市场作为配置资源的基础性制度是不可

2010年8月，安徽淮北市，市民在菜市场选购蔬菜。

置疑的。从市场经济的构成要件看，中国目前已经是一个市场经济国家，拥有生产要素市场和产品市场，绝大部分商品价格由市场供求关系决定，只有极个别的涉及到国家安全或国计民生的重要商品价格由政府控制。但是，中国进一步市场化的任务仍然存在，符合市场经济的信用体系、法治体系以及经济秩序等还有待于进一步完善。

一个基本的事实是，政府在转轨过程中起到了相当大的作用。首先，中国的市场化改革不仅是由计划经济向市场经济的转轨过程，同时还是一个工业化和城市化的过程。在这个过程中，经济矛盾和社会矛盾错综复杂，需要培育市场主体，需要改变人们的行为观念，需要建立健全市场秩序，这一切都需要政府起一定的引领和主导作用。其次，中国不仅是一个地域辽阔、地理条件差异大的国家，而且各地几千年来在民族、文化、生活方式、发展阶段等许多方面也形成了较多差异。在这样一个大国，没有一个统一的强有力的政府来驾驭经济航船也是不行的。香港、澳门顺利回归，实行“一国两制”，这离不开强大的中央政府的力量；同样，“西部大开发”“东北振兴”和“中部崛起”等区域性的经济发展战略，也离不开中央政府与地方政府的配合。

中国的改革不仅仅是经济体制改革，也包括政治体制改革。正如邓小平所说，没有政治体制改革作保证，经济体制改革不可能成功。中国是有 13 亿人的大国，推进政治体制改革必须有领导、有步骤地进行。如果没有一个稳健的领导者，如果没有一定的步骤，势必会导致一种混乱的“伪民主”。这种“民主”并不能保证中国人民的真正权益，也不利于中国经济的可持续发展。

强调政府的作用，并不是否定或者低估市场。相反，市场的基础性作用随着市场化改革的不断完善而不断加强。在转轨和维持经济稳定增长过程中，中国政府不仅是对市场进行监督、调节，维护市场秩序的裁判员，还是市场经济活动中的运动员，例如通过政府投资完成工业投资布局和基础设施建设，并从而拉动经济增长；还有就是涉及国家安全和天然垄断性的经济活动方面。随着经济规模的不断增长和市场制度的不断完善，政府运动员的身份逐渐弱化，各级政府的财政也正在从过去的“建设型财政”向“服务型财政”转变，在微观经济运行中的角色也从运动员向裁判员转变。当然，中国是一个以公有制为主体的国家，因此，政府还会以委托人的身份参与国有企业的管理。但随着劳动力市场、房地产市场、金融市场、技术市场等生产要素市场的不断规范，随着全国统一有序的市场体系的建成，市场的作用会逐渐增大。

中国的市场化改革还没有完成，中国还行进在转轨的路上。政府和市场在这个历史阶段上需要彼此协调、共同发挥作用。2012 年末，中共十八大就提出，深化改革是加快转变经济发展方式的关键。经济体制改革的核心问题是处理好政府和市场的关系，必须更加尊重市场规律，更好发挥政府作用。

2013 年 12 月 12 日，舟山，香港特别行政区驻上海经济贸易办事处举办的“香港与内地：同根同心—2013 香港巡回展览”开幕。

坚持对外开放走向世界

经济全球化和区域化是世界经济发展的大趋势，任何国家若要经济发展，都不能离开这个趋势。过去，中国曾在外部经济封锁的环境下求生存，如今，中国已经和世界紧紧联系在一起。对内改革与对外开放是推动中国经济发展的两个轮子，是并列的关系。没有对外开放，就没有今天的中国经济发展面貌。

改革开放初期，对外贸易被看成是社会主义扩大再生产的补充手段，局限于互通有无、调剂余缺，并依然实行高度集中的指令性计划管理，由国营外贸公司集中统一经营，对外贸易远远不能适应经济发展的需要。

改革开放后，中国通过增设对外贸易口岸和下放外贸经营权，改变了高度集中的外贸经营管理体制；通过实行出口退税等政策，有力

甘肃那然色布斯台音布拉格，中国与蒙古交界处的国门，这里是甘肃唯一的一个对外贸易口岸。

地促进了出口；通过运用价格、汇率、利率、退税、出口信贷等经济手段调控对外贸易。同时，以兴办经济特区和开放沿海地区为战略选择，中国对外开放和外向型经济发展实现重大突破。到 1989 年，中国出口在世界的排名由 1980 年的第 26 位上升到了第 14 位。

为了吸收外商直接投资，1979 年中国颁布了《中华人民共和国中外合资经营企业法》，1980 年批准了第一批 3 家外商投资企业。1986 年，国务院颁布了《关于鼓励外商投资的规定》。此后，中国先后对经济特区、沿海开放城市和沿海经济开放区内吸收外资实行一些特殊政策，扩大地方外商投资的审批权限，发挥了各地利用外资的积极性，改善了投资环境，推动了吸收外资的发展。

20 世纪 90 年代，中国建立了有管理的单一浮动汇率制度，实行银行结售汇制度，取消了外汇留成；取消了进出口指令性计划，对部分出口商品配额实行公开招标；逐步放开了外经贸经营权，推进外经贸经营权由审批制向登记制过渡；积极推动外经贸企业转换经营机制，进行股份制试点；完善出口退税政策，运用出口信贷、出口信用保险等国际通行手段支持外经贸发展。

同时，全方位、多层次、宽领域对外开放格局逐步形成。1990 年中央决定开发开放上海浦东新区。1992 年对外开放的地域又向纵深推进，相继开放了重庆、武汉、九江等 6 个沿江港口城市，以及满洲里等 13 个陆地边境城市和所有内地省会城市，并实施灵活的鼓励外商投资的区域经济政策。随后几年，又陆续开放了一大批符合条件的内地市县。

20 世纪 90 年代，根据国内外形势的变化，中国政府先后提出了“以质取胜”战略、“市场多元化”战略、“大经贸”战略、“科技兴贸”战略，中国对外贸易实现了第二次飞跃，1990—1999 年间出口年均增长 14%，1999 年出口在世界的排名跃升至第 9 位。

自2005年7月21日起，中国开始实行以市场供求为基础、参考一篮子货币进行调节、有管理的浮动汇率制度。人民币汇率不再盯住单一美元，形成更富弹性的人民币汇率机制。

1999 年，中央政府根据国内外形势的发展变化，从中国发展全局和战略的高度，明确提出了“走出去”战略。要求各地区、各部门共同努力，加快建立“走出去”战略的促进体系、保障体系、监管体系和服务体系，大力发展境外投资办厂加工装配、境外资源开发、对外工程承包与劳务合作等。

2001 年，以加入世界贸易组织（WTO）为标志，中国对外开放进入了新阶段：由有限范围、领域、地域内的开放，转变为全方位、多层次、宽领域的开放；由以试点为特征的政策性开放，转变为在法律框架下的制度性开放；由单方面为主的自我开放市场，转变为中国与世贸组织成员之间的双向开放市场；由被动地接受国际经贸规则的开放，转变为主动参与制定国际经贸规则的开放；由只能依靠双边磋商机制协调经贸关系的开放，转变为可以多双边机制相互结合和相互促进的开放。

加入 WTO 为中国参与经济全球化开辟了新的途径，为国民经济和

2001 年 11 月 11 日，卡塔尔首都多哈，中国加入世界贸易组织签字仪式现场。

2005 年 1 月 19 日，江西省开放型经济国际咨询会议在南昌举行。图为台湾企业家在大会发言。

社会发展开拓了新的空间。加入 WTO 以来，中国按承诺开放了包括金融、电信、建筑、分销、法律、旅游、交通等在内的众多服务领域。制定、修订、废止了 3000 余件法律、行政法规和部门规章，加强知识产权保护，投资环境进一步完善，利用外资的规模继续扩大，连续 15 年居发展中国家首位，实际利用外资平均每年近 590 亿美元。2003—2011 年，货物进出口贸易年均增长 21.7%，其中，出口年均增长 21.6 %，进口年均增长 21.8%。2011 年，中国货物贸易出口总额和进口总额占世界货物出口和进口的比重分别提高到 10.4% 和 9.5%，货物贸易进出口总额跃居世界第二位，并且已经连续 3 年成为世界货物贸易第一出口大国和第二进口大国。中国已经和世界联通在一起。

实行全方位的对外开放，成功实现了从封闭半封闭到全方位开放。中国共产党坚持对外开放的基本国策，打开国门搞建设，加快发展开放型经济。从建立经济特区到开放沿海、沿江、沿边、内陆地区再到加入世界贸易组织，从大规模“引进来”到大踏步“走出去”，利用国际国内两个市场、两种资源水平显著提高，国际竞争力不断增强。

公平与效率并重的分配制度

分配制度是一个重大的理论问题和实践问题。分配不仅是社会再生产过程中的一个重要环节，在生产和消费之间起着承上启下的关键作用，而且还能够揭示一定社会制度下各经济利益主体之间的利益关系，并反映出这种利益关系背后的各种决定因素。分配制度是否合理有效，直接关系到国民经济能否持续、快速和健康稳定地发展，关系到社会的安定和国家的长治久安。

从 1956 年社会主义改造完成到 1978 年改革开放前的 20 多年间，在收入分配制度方面，按劳分配是这一时期唯一的分配方式，其具体形式为：全民所有制企业、机关和事业单位以及城镇集体企业都实行工资制；农村集体经济实行工分制。主要特点如下：

首先，政府在收入分配体制中处于绝对主导的地位。城市全民所有制企业实行八级工资制，政府机构和科教文卫等广大的事业单位实行等级工资制。政府具体规定每个行业、每个工资级别的工资标准。在农村，政府严格规定集体经济的分配原则、方法和积累消费的比例，生产队是基本的集体经营单位（平均每个生产队有 30 户左右的农户），农民按照劳动量的多少、劳动强度的大小以及劳动力的强弱来计算工分，并凭工分来参与生产队收入的分配，工分的分值取决于生产队的收入情况。生产队的纯收入取决于农产品的数量和价格，而当时农产品的价格绝大部分又由国家计划管理，所以农民的收入水平还要受到国家价格计划的调控。

其次，存在严重的平均主义。同一部门、同一产业的工资等级和工资标准全国基本统一（仅有很小的地区差别）。同时，企业职工的

1958 年，河南封丘县，农业生产合作社实行固定工资制，社员每月领一次薪水。

工资数量与企业经营状况好坏、经济效益高低相脱节。企业之间只要工资级别相同，无论是在经济效益好的企业还是在亏损企业，都可以拿同样数量的工资。在农村集体经济中，农民由生产队派活，集体劳动，凭工分按人口分配粮食等生活必需品，因此农村同样存在严重的平均分配倾向。

改革开放以来，中国在分配领域进行了一系列改革。重点是克服原有收入分配体制中存在的严重平均主义倾向，激发广大人民群众的生产积极性。邓小平在 1978 年率先提出："要允许一部分地区、一部分企业、一部分工人农民，由于辛勤努力成绩大而收入先多一些，生活先好起来。"

分配制度改革的实践，是以农村 20 世纪 80 年代初普遍实行家庭联产承包责任制为突破口的。家庭联产承包责任制明确划分了国家、集体、个人的权利、责任和利益关系，最有效地将农民的收入同他们的劳动成果挂起钩来。农村分配改革的成功对以后中国分配体制的改革产生了极为深远的影响。

1984 年中共十二届三中全会提出，企业职工资金由企业根据经营状况自行决定，国家只对企业适当征收超限额奖金税。在企业内部，要扩大工资差距，拉开档次，以充分体现奖勤罚懒、奖优罚劣，充分体现多劳多得，少劳少得，充分体现脑力劳动与体力劳动、复杂劳动与简单劳动、熟练劳动与非熟练劳动、繁重劳动与非繁重劳动之间的收入差别。同时要改变脑力劳动报酬偏低的状况。

1985 年 1 月，国务院发布了《关于国有企业工资改革问题的通知》，决定从 1985 年开始，在国有大中型企业中实行职工工资总额同经济效益按比例浮动的办法。随着对社会主义初级阶段的认识不断加深，中共十三大提出收入分配以按劳分配为主体，其他多种分配方式为补充，其中包括合法的非劳动收入；分配政策既要有利于善于经营的企业和

中国农村实行家庭联产承包责任制后，农民生产积极性提高，喜获丰收。

诚实劳动的人先富起来，合理搞好收入差距，又要防止贫富悬殊，坚持共同富裕的方向，在促进效率提高的前提下体现社会公平。

1992 年，中共十四大明确提出建立社会主义市场经济体制，这就使分配体制的改革走上了一条既遵循宏观经济规律、又适合中国国情的正确道路。十四大提出：在分配制度上，以按劳分配为主体其他分配方式为补充，兼顾效率与公平。1997 年，中共十五大报告明确提出允许和鼓励资本、技术等生产要素参与收益分配。提出要把按劳分配和按生产要素分配结合起来，从而明确按生产要素分配的地位。同时要不断完善分配结构，既要坚持效率优先，促进经济发展，又要兼顾公平，促进社会稳定。

2002 年，中共十六大在分配理论上主要是对按生产要素分配的明确界定以及指出了如何贯彻“效率优先、兼顾公平”的“两个注重”原则。一是明确了劳动、资本、技术和管理是基本的生产要素，同时也没有

1981 年，广东梅县南口这户人家建了新房，成了先富起来的小康人家。

否认知识、资源、信息等生产要素在财富创造中的积极作用；二是明确了生产要素按贡献分配；三是对效率与公平的关系作出了清晰的回答，即“初次分配注重效率，发挥市场的作用，鼓励一部分人通过诚实劳动、合法经营先富起来。再分配注重公平，加强政府对收入分配的调节职能，调节差距过大的收入”。

总之，中国的分配体制经历了如下变迁过程：从最初的按劳分配演化到目前的按要素分配；从以公平优先演变为效率优先、兼顾公平，再到今天的公平和效率并重。

同舟共济的中央政府与地方政府

中国有些地方经济发展水平一直较高，而有些地区经济发展水平则相对较低。经济发展非常不平衡是近代以来中国经济的基本特点之一。目前，中国有 34 个省级行政区，其中中等规模的省拥有可与欧洲的大国相匹敌的人口和土地面积。

如何处理好中央政府与地方政府的权责利关系，如何发挥中央和地方两个积极性，对于中国政府来说，一直是个重要的课题。要集中力量办大事，就要把权力主要集中到中央政府，而要充分发挥地方政府的活力就必须将一定的管理权限下放给地方，当然，伴随着地方政府权力的增强，可能会出现地方保护主义和地区之间的过度竞争，区域之间的经济发展差距也可能拉大，从而导致整个社会的不稳定、不和谐。

改革开放之前的计划经济时代，中国一直处于一种“放”和“收”的反复和循环状态，并且呈现出“一放就活、一统就死”的经济管理特征。所谓“放”，是指中央政府把管理经济的一些权利下放给地方政府，从而可以调动地方政府的积极性。所谓“收”，是指中央政府对放下去的权利重新回收，加强中央对整个经济的控制。

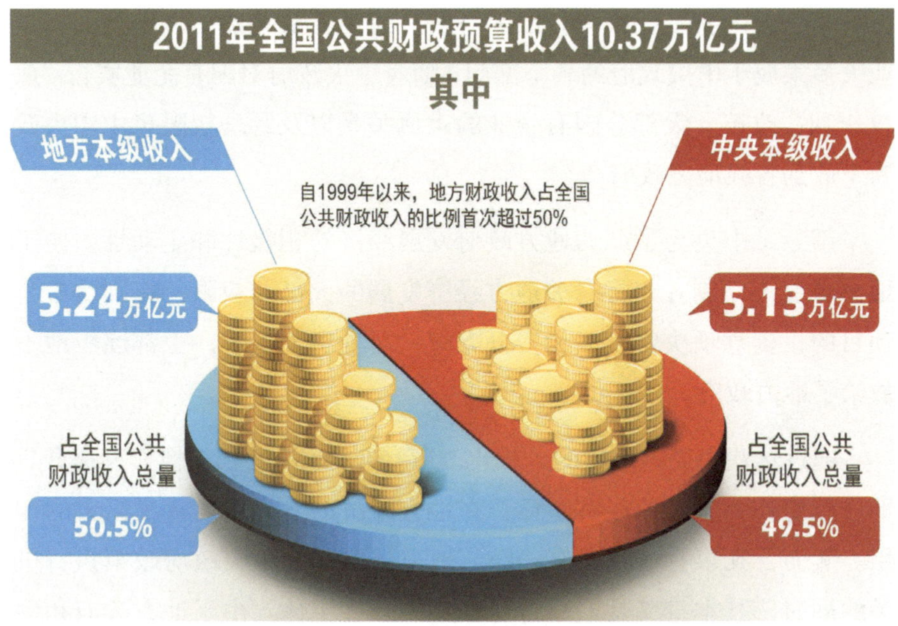

2011 年，中国地方财政收入首次超过中央。

改革开放以来，随着市场化改革的深化，地方分权化改革也取得了很大进展。这种地方分权化改革在经济方面主要体现在以下几点：

第一，财政收支权力向地方政府转移。在计划经济时代，中国采取了中央和地方财政的收支由中央政府统一规定、分级管理的体制。改革开放以后，作为经济分权的重要一环，在 1980 年、1985 年、1988 年共进行了 3 次财政体制的改革，实现了地方政府和中央政府之间的“财政承包制”，即：各地地方政府与中央建立独立的承包关系，按一定的比例或者金额将地方财政收入上缴到中央财政，剩余部分可以由地方政府自由支配。这一制度变迁调动了地方政府的积极性，促进了经济发展，但是中央财政在全国财政收入中的占比从改革开放以来一直下降，到 1994 年实行“分税制”之前已经下降到 22% 左右，中央政府的宏观调控能力出现弱化。

第二，国有企业管理权限的下放。改革开放之前，大中型国有企业大多隶属于中央政府的各个部门。随着中央政府对国有企业实行“放权让利”改革，大部分国有企业的隶属关系以及管理权限也由中央政府下放到各级地方政府。

第三，中央为了调动地方政府发展经济的积极性和主动性，便于地方政府因地制宜，将有关地方经济发展的大部分权限，特别是中小项目的投资立项决定权、物资分配权、对外贸易权等，也都逐步地下放给了地方政府。

通过这些中央向地方的分权化改革，地方政府的积极性大大提升。地方政府作为独立的经济主体，在地方经济的发展中发挥了巨大的作用。然而，凡事有一利必有一弊。地方政府作为中央政府政策执行机关的同时，其本身又是追逐自身利益的理性主体。由于地方政府和中央政府的利益的不完全一致性，导致了地方政府和中央政府二者之间

2011 年 3 月，安徽省蒙城县 50 多名在企业退休的劳动模范和先进工作者，参观县内经济、文化以及城市建设等成果，了解当地经济和社会的变化。

的关系是既协调合作又存在矛盾和冲突。

地方政府积极性的调动是中国改革开放成功的一个重要原因。随着地方分权化改革的实施，地方政府认识到发展经济与其利益息息相关，因而更加积极贯彻中央方针政策，并在中国所设计的制度变迁路径中，扮演积极创新、勇于实践的角色。

为了地方利益，地方政府积极进行了国有企业改革，发展和扶植当地经济的支柱产业，积极培育产品市场和生产要素市场，大刀阔斧地引进外资和开展对外贸易，依照中央的指示精神大力推进各项制度变革。

农村改革的成功是与地方政府分不开的。安徽、四川等地对农民自发改革行为网开一面，最终推动中央认可的农业生产经营制度的变迁。国有企业改革、社会保障体制改革、农村税费改革也都是由地方政府进行试点和实验，从而为中央政府提供改革的经验和方案，最后这个方案成为普及到全国的制度变迁。

中国的渐进式改革没有中央政府自上而下对地方政府的激励，和地方政府自下而上的积极支持，是不可能顺利完成的。正是中央和地方二者关系的互动，才使得中国改革没有经历太大的波动，才使得中国经济在改革开放 30 多年来获得了显著增长。

当然，中国作为一个经济发展不平衡的大国，格外需要中央政府的宏观经济调控，因此地方政府的权利也不能过大。因为地方政府作为一个利益主体，并不承担全国经济综合平衡的责任，为了追求本地区的利益最大化，往往会不惜采取一些与中央政府精神背道而驰的政策。比如说，为了追求 GDP 的增长速度，会大干快上，实施过度投资。这种投资从局部来看，似乎是合理的，但从全国来看，存在着重复建设、布局不合理等问题。

地方政府为了保护自己本地的企业，可能还会通过各种行政手段来禁止外地工业产品的流入，或者限制本地的农副产品、原材料和能源资源向外地流出，这是一种地方保护主义行为，这种人为地对市场进行分割和保护的“封建诸侯”经济现象，与中央政府构建全国统一市场体系的精神相左。

为了提高中央政府的财政收支水平，1994 年中国实施了分税制改革。这一改革重新界定了中央和地方的税收来源和税负水平，这一举措一举扭转了中央政府财政收入连年下降的趋势，提高了中央政府宏观经济调控能力和为全国提供公共产品的水平。

同时，中央政府还通过省一级干部人事的跨地域交流等一系列措施，恢复了中央财政的能力和权威，有效杜绝了“上有政策、下有对策”的行为。正是有了中央财力作保障，中国政府才可以通过转移支付来提高民族地区、经济发展落后地区的基础设施建设水平，从而让区域之间协调发展。

2001 年，为了促进西部内陆地区经济的发展，缩小东部沿海地区和西部地区的经济发展差距，中国政府提出了“西部大开发”战略。中央的财政开始向西部倾斜，加大对西部地区基础设施的投资建设力度，同时提供一些其他优惠政策。西部大开发战略实施以来的实践证明，中国政府的政策提高了西部地区经济发展速度，有效缓解了东西部差距。

东北地区曾经是中国的重工业基地。改革开放以来，由于转型困难，经济发展速度趋缓。为了振兴东北老工业基地，中国政府在财政能力大为提高的前提下，通过一系列政策加快东北老工业基地的发展。随之，中部地区的经济发展也进入了中央政府的视野，中央提出了中部地区崛起战略。

中央和地方的关系是一个经济发展大课题，对一个经济发展不平衡的大国来说更是如此。改革开放初期，正是发挥了地方政府的积极

2013 年 3 月，吉林省吉林市，东北老工业基地江北化工城雪后风貌

性才使得经济获得了显著发展。随着经济发展水平的提高，中央政府财政能力的加强又可以缓解地区差距、收入差距等一系列问题。可见，随着条件的变化，需要合理处理中央和地方的关系。

中国经济要实现快速可持续发展，所面临的问题仍然很多。要处理好这些问题，需要中央政府和地方政府有良好的互动，需要随着经济体制的变化和经济发展水平的提高，动态调整中央和地方的权利边界，从而使得政府能够发挥其最佳效能。

统筹发展的城市与乡村

调整好城乡关系是中国工业化、城市化和现代化进程中必须要面对的一个重要课题。从经济角度看，城乡关系与工农关系含义基本一致。解决好城乡关系，从某种意义上讲，即是正确处理好了工业和农业协调发展的问题。

新中国成立之后，随着国民经济的恢复，工业化就成为整个国民经济建设的重中之重。围绕着这一目标，城乡关系需要处理好两个问题：一是如何加快农业发展，以便在人多地少的条件下，解决中国人民的吃饭问题和为工业化积累资金；二是在优先发展重工业战略下，如何协调城乡关系（工农关系），保持低消费条件下的社会安定，保证中国的工业化迅速实现。

当时采取的办法就是走农业合作化的道路，有三个主要目标：一是改造落后的小农经济，使农业获得大发展；二是保证为工业化提供必要的积累；三是保持工业化和高积累过程中的社会稳定和避免两极分化。

但是以单一公有制和计划经济为目标的社会主义改造完成以后，并没有出现原来设想的社会主义经济优越性。在城乡关系方面，国家对农村经济的控制力度不断加强，不仅农村的多种经营不能发展起来，而且限制农村人口向城市流动，甚至城市人口倒流向农村（例如“文革”时期的城市知识青年到农村去），城市化进程非常缓慢。

经过 1949 年后近 30 年的发展，虽然中国的农业现代化，特别是在先进技术的推广，电力、化肥、农药的使用，以及农田水利建设方面有了显著进步，但是受十年“文化大革命”的影响和“左倾”思想的束缚，农业和农村仍被局限在计划经济的体制下，农民仍被禁锢在城乡分隔的落后乡村。

1978 年以前，由于“政社合一”的集体经营体制束缚了农民的积极性，粮食等主要农产品的增长始终不能满足人口增长的需要，城乡居民生活困顿，全国人民的温饱问题没有得到解决，有 2.5 亿农民生活在贫困线以下。而在城市，就业问题也越来越严重，大批城市知识青年到农村去的政策引发城市居民特别是青年的不满，不仅难以为

1983 年，温州农村许多地方的农民仍旧过着“脸朝黄土背朝天”的小农经济生活。

继，而且成为危及社会安定的大问题。城乡关系面临着一个重要的转折关头。

改革开放以前，农民和乡村对工业化和城市的支持，主要是通过提供农业税和低价的农副产品（通过统购统销和剪刀差形式）。换句话说，就是农村通过向城市提供农业剩余来为工业化积累资金和降低成本。同时，又通过限制农民流动来减轻城市压力和维持社会安定。当然，也有部分农村人口通过上学、参军、有计划的招工等形式转到城市，但是这种转移人数非常有限。

改革开放以后，农民和乡村对工业化和城市的支持形式，则发生了巨大的变化。随着农产品“统购统销”制度的废止和农产品的市场

2014 年 5 月，辽宁省盘锦市盘山县作为国家现代农业示范区，“农业大县”的名牌越来越亮。

化，通过直接和间接的农业剩余来支持工业化和城市的比重越来越低，而通过农民提供廉价的劳动力和乡村资源（资金和土地等）来支持工业化越来越成为主体。

第一，农民为改革开放以来的经济发展提供了丰富廉价的人力资源，大大降低了工业化的成本和企业资本积累的速度，特别是为外向型企业和劳动密集型企业的发展提供了快速成长的资本积累。

第二，改革开放以来，农民不仅为城市发展、经济开发区以及大量的交通等基础设施工程提供了廉价的土地资源，许多城市还通过征购农民土地并转让使用权，获取了大量土地收益资金，填补了城市发展的资金缺口，这种方法被称为“经营型”城市发展。

第三，农民通过以乡镇企业来推动小城镇发展和直接向城市投资的形式，将大量的农村资金直接投入到城镇。

上述三种乡村支持工业和城市的新方式，是1978年以来中国经济高速增长，特别是对外贸易超常增长的主要动力，也是城市空间规模快速扩张的重要原因。

此外，1978年以后农产品供给的迅速增加，不仅是乡镇企业“异军突起”的前提，还使得在国家取消城市粮油补贴的市场化改革后，保证了农副产品的低价和生活消费价格的稳定，为改革和发展作出了贡献。

改革开放以来城乡关系的这一次转变，在推动整个国民经济快速发展、城市化率大幅度提高和全国基本达到小康社会水平的同时，也使得城乡之间的发展差距、城乡居民之间的收入差距在经历了20世纪80年代前期短暂的缩小之后，开始拉大距离。若将城镇居民的一些隐性福利和优惠折算成收入，中国城乡居民的收入差距可能达到6：1。显然，这种差距的扩大与共同富裕的目标诉求不一致。

随着中国经济的发展壮大，国家已经有能力将过去长期实行的农

2008年12月，安徽蒙城，农民将晾晒好的红薯粉丝堆放在一起，准备销售。

2014 年 5 月，四川省华蓥市纪委邀请部分群众代表，查看惠农资金开支账目。

业支持工业、乡村支持城市的城乡关系，转变为工业反哺农业、城市带动乡村的新型城乡关系。

2002 年，中共十六大将城乡经济关系的认识推向了一个新的高度。大会明确提出解决“三农”问题必须统筹城乡经济社会发展，跳出传统的就农业论农业、就农村论农村、就农民论农民的局限，将解决“三农”问题放在了整个社会经济发展的全局和优先位置来考虑。

根据对工农关系、城乡关系的新认识，中国政府在 2005 年对城乡关系作了重大调整，实现了历史性的转折。2005 年 3 月，温家宝总理进一步提出工业和城市要“反哺”农业和农村的设想。他在 2005 年 3 月 14 日举行的记者招待会上宣布：“我们已经开始进入第二个阶段”，“第二个阶段，就是实行城市支持农村、工业反哺农业的方针，对农民‘多予、少取、放活’。”从 2003 年到 2007 年的 5 年里，国家财政用于“三农”的支出达到 1.6 万亿，是改革开放前 1950—1978 年 29 年间的 10 倍，是 1979—2002 年 24 年间的 1.3 倍。2008 年中央财政用于“三农”

2014 年 5 月，河南省滑县，农艺师正在给村民讲解有关小麦的农业技术。

的投入则达到 5955 亿元，比上年增加 1637 亿元，增长 37.9%；三次较大幅度提高粮食最低收购价，提价幅度超过 20%。2009 年，为了减轻世界金融危机对中国农民收入和农村经济的冲击，中央财政则计划安排“三农”投入 7161 亿元，比 2008 年又增加 1206 亿元，增幅达到 20.25%。

以国家全面驱动工业反哺农业、城市支持乡村、建设社会主义新农村为标志，中国的工农关系、城乡关系进入了一个新的历史阶段。也应该看到，中国未来的工业化、城市化和农业现代化还有很长的路要走，受到的资源和环境约束比过去 30 年还要严峻。但是，中国仍将坚持通过政府转变观念、财政转移支付和经济发展来统筹城乡发展。

中国经济的快速发展和水平

不断的改革成就了中国经济的快速发展

改革开放以来，中国的 GDP 规模不断发展壮大，30 余年间增长了 20 余倍，平均增速接近 10%，开创了中国经济发展史上前所未有的“高速”时代。中国经济的快速发展与中国的改革密不可分。

改革开放前 20 多年的历史证明，在单一公有制和行政性计划管理体制范围内想主意，找办法，打转转，都不能解决职工吃企业“大锅饭”（农村是农民吃集体“大锅饭”）现象，以及资金利用率和劳动力资源利用率“双低”的结果，改革的结果跳不出“一统就死，一放就乱”的怪圈。这就是 1978 年改革开放的逻辑起点。

2013 年 8 月，山西省太原市食品街经过重新规划定位，焕发了生机。

1978 年中共十一届三中全会以来，中国经济航程转向改革。全面推进各方面体制改革，建立和发展充满活力的社会主义市场经济等各方面的体制，成为新时期最突出的特点。

经济体制改革是从“放权让利”开始的。在城市，是逐步扩大地方政府和国营企业的自主权；在农村，则是将生产经营的自主权下放给农民家庭，即将集体统一生产经营改变为以家庭经营为主的“家庭联产承包责任制”。这个变革得到了广大农民的热烈拥护，到 1983 年初，全国实行家庭联产承包责任制的生产队已占全国生产队总数的 93%。1982—1986 年，中共中央为了支持农村经济变革，一共出台了 5 个中央“一号文件”（中共中央在每个年度发出的第一份公文）。这 5 个“一号文件”折射了政府在农业生产经营上回归权利给农民的过程: 1982 年，承认包产到户的合法性，让农民有了生产经营自主权；1983 年，放活农村工商业，农民获得了自主择业权；1984 年，疏通流通渠道，农民获得了借助市场自由处置农产品的权利；1985 年，取消了统购统销，农民的自主权进一步加大；1986 年，增加农业投入，调整工农城乡关系，农民有了更健全的平等发展权。

这种制度改革使中国农业经济绩效发生了很大转变。1978–1985 年，粮食总产量从 30477 万吨增加到 37911 万吨，增长了 24.4%，棉花产量从 216.7 万吨增加到 414.7 万吨，增长了 91.4%。农村居民家庭人均纯收入从 133.6 元增加到 397.6 元，按可比价格计算，增长了 168.9%。同时，农业中家庭承包制的实行，提高了劳动生产率，释放出剩余劳动力，农村劳动力转移到工业、建筑业和第三产业等部门就业。在基本生产要素中，劳动力是最重要的。把劳动力从生产率低的部门转移到生产率搞的部门，本身就是经济增长的重要源泉。农村乡镇企业“异军突起”就是一种表现。农村经济改革的成功不仅为城市企业改革提供了示范，而且奠定了物质基础。

2014 年 2 月，四川省华蓥市明月镇菜农代均益在自豪地展示他种植出的“花菜王”。

1984 年 10 月，中共十二届三中全会作出了《中共中央关于经济体制改革的决定》，全面改革就此展开。在投资体制、金融体制、流通体制、财税体制等方面，一些重大的改革措施相继出台，市场机制在资源配置上的作用越来越大。随着改革的深入，各类市场主体逐渐发展起来，各种市场逐步发育起来。这一系列的举措，让中国经济和社会结构也发生了变化。国有企业和国家的委托代理关系在探索中不断改善；乡镇企业出乎意料地崛起；个体经济和私营经济在需求旺盛和政府政策的大力扶持下不断发展壮大；“三资”企业（指中外合资经营企业、中外合作经营企业和外商独资经营企业）的发展速度也不断加快。

1992 年，中共十四大确立了建立社会主义市场经济体制的目标。1993 年 11 月，中共十四届三中全会通过了《关于建立社会主义市场经济体制若干问题的决定》。这样，从 1992 年初开始，财税、金融、外汇、外贸、计划和投资等一系列体制的改革不断深化，同时，进一步理顺政府、市场和企业之间的关系，健全宏观调控体制。1997 年中国提前

2013 年，中国一批地铁线路率先向民资开放。

实现国民经济“翻两番”的任务和形成买方市场，进入小康社会。

进入新世纪以后，中国社会主义市场经济体制改革进一步深入，并取得突破性进展。资本、技术和劳动力等要素市场进一步规范和发展。

中国的改革充分调动了各种积极因素，使生产要素在市场引导下得以充分结合和不断优化配置，充分发挥了中国劳动力资源丰富的优势，充分发挥了沿海地区的区位优势，以及充分利用海外资本以弥补国内资本不足和技术落后，使得中国经济总量实现了空前的发展，应该说，没有改革开放打破单一公有制和计划经济体制，就不可能有中国经济连续 30 多年的高速发展和人均收入由 100 多美元达到今天的 6000 美元，成为世界第二大经济体。

中国经济的发展历程是一个宏大叙事，体现了中国人民对工业化和现代化的不断探索和追求。60 余年风风雨雨，让中国人民更加成熟、更加理性、更加自信地走自己的道路，以自己的实践和思考开创中国特色的社会主义经济发展道路。

新世纪以来中国经济发展成就

新世纪以来的十年，是中国经济社会发展进程中极不平凡的十年，面对国内外复杂环境和一系列重大风险挑战，中国经济社会发展取得举世瞩目辉煌成就。

经济持续较快发展

2002 年中国国内生产总值刚刚突破 10 万亿元，四年后 2006 年突破 20 万亿元，之后，每两年就突破一个 10 亿，2008 年就突破了 30 万亿元，2010 年突破 40 万亿元，2012 年突破 50 万亿元。2002—2012 年，其中有 6 年实现了 10% 以上的增长速度。2012 年国内生产总值

图 2-1　2002-2012 年国内生产总值及其增长速度

数据来源：《中国统计年鉴：2012》和《中华人民共和国 2012 年国民经济和社会发展统计公报》。

达到 519322 亿元，是 2002 年的 5 倍。中国经济总量占世界的份额由 2002 年的 4.4% 提高到 2012 年的 10.5%，对世界经济增长的贡献率超过 20%。人均国内生产总值也快速增加，按照平均汇率折算，中国人均国内生产总值由 2002 年的 1135 美元上升至 2012 年的 6100 美元。2013 年上半年中国国内生产总值（GDP）248009 亿元，比上年同期增长 7.6%。

国家财政实力明显增强

经济快速增长带来了国家财政收入的稳定增长。在 2003 年突破 2 万亿元后连创历史新高：2005 年突破 3 万亿元，2007 年突破 5 万亿元，2010 年突破 8 万亿元，2011 年突破 10 万亿元。2012 年，中国财政收入达到 117210 亿元，比 2003 年增长 4.4 倍，年均增长 18%。财政收入的快速增长为加大教育、医疗、社会保障等民生领域投入，增强政府调节收入分配能力等提供了有力的资金保障。近 10 年来，中国外汇储备增长不断加快，并于 2007 年达到年度增加 4600 多亿美元的历史

图 2-2　2002-2012 年财政收入及其增长速度

图 2-3　2002-2012 年外汇收入及其增长速度

数据来源：《中国统计年鉴：2012》和《中华人民共和国 2012 年国民经济和社会发展统计公报》。

最高水平。但 2011 年开始，外汇储备增幅开始明显放缓。2012 年末外汇储备达到 33116 万亿美元，比 2011 年增长 4.1%，外汇储备规模连续 7 年稳居世界第 1 位。2013 年一季度中国外汇储备跃升 1300 亿美元，达到 3.44 万亿美元，这一规模约为德国经济总量。

结构调整迈出新步伐，经济发展的协调性和竞争力明显增强

新世纪以来，中国始终坚持把加快经济发展方式转变作为深入贯彻落实科学发展观的重要目标和战略举措，始终坚持把经济结构战略性调整作为主攻方向，坚定不移调结构，脚踏实地促转变，从“快字当头”到“好字优先”，中国结构调整不断迈出新步伐，经济发展的全面性、协调性和可持续性明显增强。三次产业协同性增，农业基础稳固、工业生产能力全面提升、服务业全面发展的格局逐步形成。2012 年，中国第一产业增加值占国内生产总值的比重为 10.1%，第二产业增加值比重

为 45.3%，第三产业增加值比重为 44.6%。2013 年，无论从增长速度、固定资产投资还是从就业数量看，第三产业都稳居三类产业首位。

在扩大内需战略的带动下，内需对中国经济增长的拉动作用显著增强。尤其是在应对国际金融危机冲击中，内需的强劲增长有效弥补了外

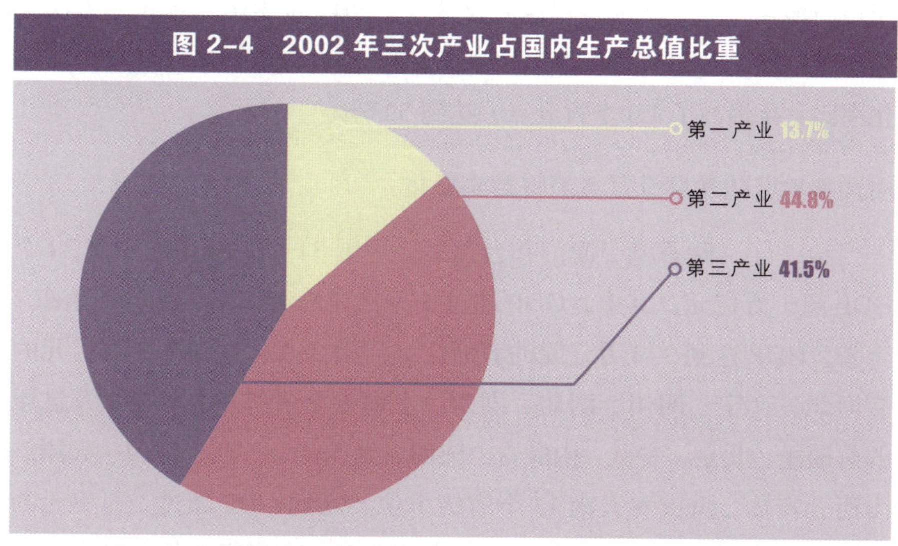

图 2-4　2002 年三次产业占国内生产总值比重

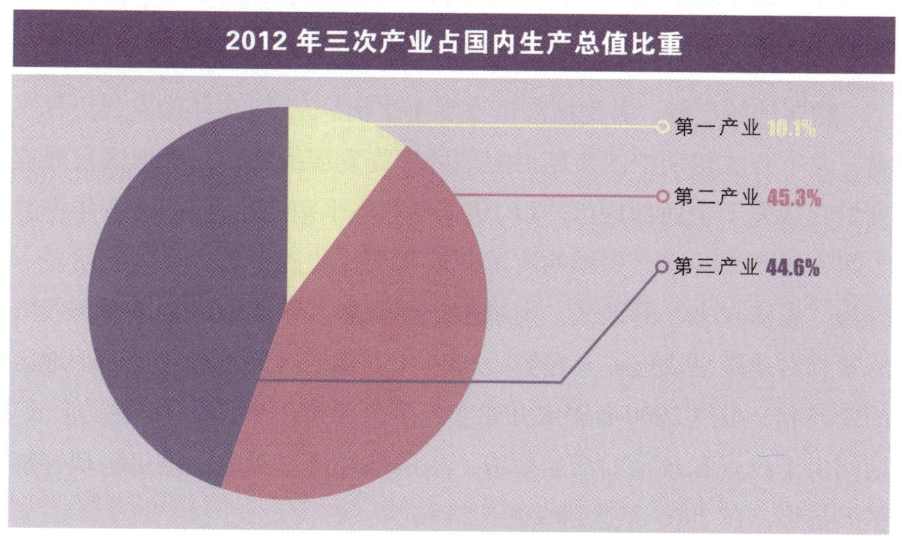

2012 年三次产业占国内生产总值比重

需的不足，对实现经济平稳较快发展起到了极为关键的作用。2011 年，内需对经济增长的贡献率由 2002 年的 92.4% 提高到 104.1%，外需贡献率则由 2002 年的 7.6% 转为 –4.1%。2012 年中国 GDP 增长 7.8%，在经济增长的贡献中，最终消费的贡献率比资本形成高 1.4 个百分点，最终消费对 GDP 贡献是 51.8%，资本形成贡献 50.4%，货物和服务的净出口贡献 –2.2%。城镇化步伐明显加快。2011 年中国城镇化率首次突破 50%，达到 51.3%，比 2002 年提高 12.2 个百分点，2012 年中国城镇化率比上年提高了 1.3 个百分点，达到 52.6%。

中国各地区的发展及区域经济结构变化

2012 年，除香港、澳门和台湾外，中国 31 个省级单位中有 24 个 GDP 超 1 万亿元，其中，GDP 超过 5 万亿元的有广东、江苏、山东 3 个省；GDP 达到 3–4 万亿元的有浙江、河南 2 省；达到 2–3 万亿元的有河北、辽宁、四川、湖北、湖南、上海 6 个省级单位；1–2 万亿元的有福建、北京、安徽、内蒙古、陕西、黑龙江、广西、江西、天津、山西、吉林、重庆和云南 13 个省级单位。人均 GDP 超过 1 万美元的有天津、北京、上海、江苏、内蒙古和浙江 6 个省级单位，较上一年增加了 3 个。

中国地域广阔，各地区经济发展不平衡。从 30 多年的发展历程来看，改革开放初期中国实施沿海地区率先发展战略，东部地区发展速度始终领先于中西部地区。以 1992 年邓小平南巡讲话和 1994 年中共十四大召开为标志，中国的改革开放和现代化建设进入了新的阶段，作为“先富起来”的地区，大量生产要素涌入东部地区，东西部经济总量相对差距呈快速扩大趋势，2000 年东部地区经济总量是西部地区的 3.05 倍；虽然 2000 年国家开始实施了西部大开发战略，但在“十五”期间由于投资和政策的滞后效应，东西部经济总量的比值仍呈现持续扩大趋势，在 2005 年达到峰值 3.24 倍。

2006 年 12 月 1 日，由国务院振兴东北办组织召开的实施东北老工业基地振兴战略三周年座谈会在北京召开。

“十一五”期间，西部地区进入快速发展阶段，东部地区“一马当先”的增长格局逐渐被打破，东西部经济总量差距逐步缩小。2007 年，西部地区经济增速首次超过东部地区；2010 年东部地区经济总量为西部的 2.85 倍，比值较 2005 年下降 0.39 倍；到 2011 年，比值已降到 2.7 倍。2008—2011 年，中部、西部和东北地区经济增速连续 4 年超过东部地区，区域增长格局发生重大变化。2011 年，中部地区、西部地区的地区生产总值占全国的比重分别为 20.1%、19.2%，分别比 2002 年提高 1.3、2.0 个百分点。主体功能区建设初见成效，西部大开发、振兴东北老工业基地、促进中部地区崛起等区域发展战略向纵深推进，区域间产业梯度转移步伐加快，中西部地区发展潜力不断释放。2011 年，中部地区、西部地区、东北地区全社会固定资产投资占全国的比重分别为 23.2%、23.5% 和 10.7%，分别比 2002 年提高 5.5、3.2 和 2.4 个百分点。

区域结构不断优化，中西部地区加快发展，经济总量占全国的比

2013 年 9 月，甘肃省兰州新区成为国务院批复的第五个国家级新区。

重持续上升，区域发展呈现出协调性增强的趋势。全国经济增长重心区从南到北、由东至西不断拓展。京津冀地区迅速崛起，长三角、珠三角地区加速产业结构调整，综合实力不断增强，共同引领全国经济发展。东部沿海地区完成新一轮产业布局，形成了一批新的区域经济增长极，辐射带动能力进一步增强。广西北部湾、成渝、关中—天水、中原经济区加快发展，成为引领中西部地区持续快速增长的重要支撑。

2012 年西部地区实现生产总值 11.4 万亿元，增速同比增长 12.8%，分别比东部地区、中部地区快 3.18 和 1.54 个百分点，占全国 GDP 比重 19.75%，较上一年提高 0.38 个百分点。对中国经济增长的贡献率为 23.44%，比上一年提高 1 个百分点。值得注意的是，在 12 个西部省区市中，9 个省份的 GDP 增速进入全国前十位，各省区增速均在 11% 以上。内蒙古自治区人均 GDP 为 10216.2 美元，成为西部地区首个人均 GDP 过万美元、进入高收入社会的省份，在全国名列第五。中国区域经济增长格局已逐步由“东快西稳”向“西快东稳”转换。

表 2-1　2012 年中国 GDP 规模榜及增速榜

2012 年 GDP 规模榜			2012 年 GDP 增速榜		
排名	地方	GDP（亿元）	排名	地方	GDP 增长（%）
1	广东	57068	1	天津	13.8
2	江苏	54058	2	贵州	13.6
3	山东	50013	3	重庆	13.6
4	浙江	34606	4	云南	13
5	河南	30000	5	陕西	12.9
6	河北	26575	6	甘肃	12.6
7	辽宁	24801	7	四川	12.6
8	四川	23850	8	青海	12.3
9	湖北	22250	9	安徽	12.1
10	湖南	22154	10	吉林	12
11	上海	20101	11	新疆	12
12	福建	19702	12	西藏	11.8
13	北京	17801	13	内蒙古	11.7
14	安徽	17212	14	宁夏	11.5
15	内蒙古	15986	15	福建	11.4

中共十八大指出，继续实施区域发展总体战略，充分发挥各地区比较优势，优先推进西部大开发，全面振兴东北地区等老工业基地，大力促进中部地区崛起，积极支持东部地区率先发展。采取对口支援等多种形式，加大对革命老区、民族地区、边疆地区、贫困地区扶持力度。

中国国际经济地位的变化

中国经济在世界的排名不断攀升

中国经济增长率令世界瞩目，改革开放以来，中国保持了较高的经济增长率，从世界范围看，是同期经济增长速度最快的国家，经济增长率居世界首位。1978—1996 年中国国内生产总值（GDP）年均增长率达 9.9%，居世界首位，远高于世界 3.2% 的平均水平，也高于发达国家的 2.3% 和发展中国家的 4.4%。2002—2012 年，国内生产总值年均增长 10.46%，远高于同期世界平均增速 3.8% 的水平。2012 年，中国经济增长率为 7.8%，占到全球经济的 10.5%，相当于美国经济的 55% 左右。中国经济的平稳快速增长，有力地带动了世界经济复苏，中国经济增长的卓越表现令世界瞩目。

高速的经济增长使中国经济规模迅速扩大，中国经济总量在世界经济中的排名不断攀升。在 20 世纪 70—80 年代，中国的 GDP 一直与加拿大不相上下。2000 年，中国 GDP 超过意大利，成为世界第六大经济体。2005 年，中国经济规模超过英国，成为仅次于美国、日本和德国的世界第四大经济体。2007 年，中国 GDP 增速为 13%，超过德国成为全球第三大经济体。仅仅 3 年之后，2010 年，中国 GDP 便超越日本，成为世界第二。2012 年中国 GDP 达到 519322 亿元，中国维持 GDP 总量世界第二的位置不变。

从货物贸易进出口总额来看，中国已经成为仅次于美国的世界第 2 大贸易国家。2012 全年货物进出口总额 38668 亿美元，比上年增长 6.2%，比 2002 年增长 5.2 倍，年均增长 20%。2012 年中国货物出口额占全球货物出口的 11.2%，居世界第一位；货物进口额占全球货物进

北京最为繁华的 CBD 地区。

口的 9.8%，居世界第二位，仅次于美国。2003 年，中国非金融类对外直接投资只有 29 亿美元，2012 年增加到 772 亿美元，比 2003 年增长 25 倍。对外经济合作迅速发展，2012 年对外承包工程业务完成营业额 1166 亿美元，中国已经成为世界对外投资大国。

然而，作为总量的全球第二大经济体，不等于人均的第二大经济体，也绝非第二经济强国。根据国际货币基金组织 2012 年 4 月 17 日公布的数据，中国 2011 年人均 GDP 为 5414 美元，世界排名在第 89 位，仍是不折不扣的发展中国家。从人均角度来看，中国也落后于俄罗斯（12993 美元，第 53 位）、巴西（12789 美元，第 54 位）。按照中国统计局的数据，2011 年，中国人均 GDP 达到 35083 元，扣除价格因素，比 2002 年增长 1.4 倍，年均增长 10.1%。按照平均汇率折算，中国人均 GDP 由 2002 年的 1135 美元上升至 2011 年的 5432 美元，世界排名第 86 位。2012 年中国人均 GDP 达到 3.84 万元，超过 6000 美元，

2004 年 6 月 30 日，第一届中国国际服务业展览会在北京展览馆拉开帷幕。

进入中等偏上收入国家行列，其中东部一些地区人均生产总值已达到 1 万美元以上。

中国经济的国际竞争力不断增强

近年来，中国在机构、基础设施、宏观经济环境、健康与教育培训、商品市场效率等方面的国际竞争力都有了显著增强。总部位于瑞士日内瓦的世界经济论坛发布的《2012—2013 年全球竞争力报告》显示，瑞士连续四年拔得头筹，新加坡位居第二。香港特区较去年上升两位排名第 9 位，日本下降一位排名第 10 位，仍属全球最具竞争力的经济体之列。报告显示美国的排名连续四年滑落，从第五位下滑至第七名。中国的排名在经过数年稳定上升后，下降了三个位次，排行第 29 位，但在“金砖四国”（中国、印度、俄罗斯、巴西）中，中国的表现仍最为出色。中国台湾排名第 13 位。

2011 年 4 月，三亚亚龙湾中心广场前的鲜花摆成了“BRICS”金砖四国图案，迎接金砖国家领导人第三次会晤和博鳌亚洲论坛 2011 年年会的召开。

据美国《财富》杂志统计，2013 年中国（包括中国台湾）进入世界 500 强企业数量为 95 家，较 2012 年增加 19 家，仅次于美国。而这一数字在 2000 年仅为 10 家， 2007 年为 30 家。其中，来自内地和香港的上榜企业为 89 家，比上年增加了 16 家；来自台湾的企业为 6 家，与上年持平。在榜单前十位中有 3 家中国企业，其中中石油、中石化分别比上年前进一位，位居第四和第五；中国国家电网位列第七，与上年持平。在世界前 100 位中，中国企业占有 11 个。排名提升最大的前 20 家企业，中国占有 10 家，其中，绿地集团位列第 359 位，排名较上年上升了 124 位；山东能源集团有限公司较上年上升了 87 位；招商银行上升了 86 位；交通银行上升了 83 位。

2013 年财富世界 500 强排行榜新上榜的 31 家公司中，中国公司占据了 18 个席位（其中能源企业 6 家），占新上榜公司总数的 60% 左右。

梳理近三年来中、美、日企业在世界500强的排名变化不难看出，美国企业排名尽管高居榜首，但数量却止步不前，2013年的132家与上年持平，较2011年则减少1家。位居第三的日本企业数量下滑明显，自2011年被中国首度超越后，2012年下降至68家，2013再减至59家。

在反映“含金量”的企业收入上，中国上榜企业总收入合计5.2万亿美元，占500强企业总收入的17%，这一数字较2000年的1.6%增长逾10倍，其中工商银行等四大银行位居世界前十大“最赚钱”企业。美国上榜企业总收入为8.6万亿美元，占500强企业总收入的28.5%，与其在全球经济中的分量大体相当。从企业性质上看，中国上榜企业所有制类型呈现从单一的国有独资到国有独资、国有控股、国有联营、股份制企业等多种所有制形式并存的变化趋势。同时，上榜企业的经营领域和行业不断拓宽。

2011年7月，广东深圳街头的世界500强企业集团中国平安广告牌。

图 2-5 《财富》杂志中国 500 强历年企业上榜数量

单位：家

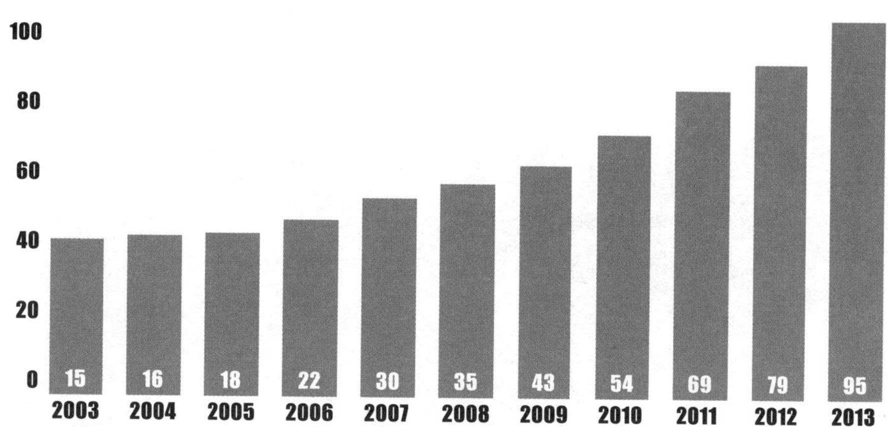

中国上榜企业数量不断增加，从 2003 年的 15 家上升到 2013 年的 95 家，这反映出中国经济的快速发展及中国企业的发展壮大。

中国成为上中等收入的国家

世界银行 2010 年的收入分组标准是，低收入经济体为 1005 美元或以下者；下中等收入经济体在 1006—3975 美元之间；上中等收入经济体在 3976—12275 美元之间；高收入经济体为 12276 美元或以上者。

根据国家统计局的数据，中国 2009 年人均国民收入为 3650 美元，按照世界银行 2008 年标准，可列为中等偏下收入国家。2010 年中国人均国民收入 4260 美元，按照世界银行 2010 年的标准，已达到中等上水平。2012 年中国人均国内生产总值超过 6000 美元，进入中等偏上收入国家行列，其中东部一些地区人均生产总值已达到 1 万美元以上。2013 年 6 月 5 日，中国国务院总理李克强在人民大会堂同出席 2013 财富全球论坛和出席全球首席执行官委员会的企业家代表会见并座谈时说，中国作为一个拥有 13 亿人口的发展中大国，已进入中等收入阶段。

中国的产业结构

改革开放以来，伴随着中国经济持续快速增长，中国产业结构发生了一系列意义深远的巨大变化。从长期的变动趋势来看，三大产业之间的比例关系有了明显改善，其结构正向合理化方向变化，轻、重工业的比重也越来越协调。国民经济增长的动力由主要依赖第一、二产业向依赖第二、三产业转变。如今，中国已经成为名副其实的“世界工厂”，主要工业产品产量都位居世界第一。随着经济发展方式的转变和需求结构的不断变化，中国的产业结构还会发生相应的变化。一些新兴产业将代替传统产业成为经济继续增长的推动力。同时，伴随着现代化程度的提高，第三产业发展的空间越来越大。

中国产业结构和变化

中华人民共和国成立以来，尤其是改革开放 30 多年以来，中共中央、国务院一直十分重视三次产业协调发展问题，在不放松农业基础的同时，大力促进工业和服务业的快速发展。从重视调整农、轻、重比例关系，到大力促进第三产业发展。中国的产业发展实现了由少到多、由弱到较强的转变；产业结构的变化也基本符合世界产业结构演进的一般规律，三次产业结构不断向优化升级的方向发展。纵观新中国建立后的 GDP 中的三次产业结构变化，可以发现以下几个特点：

第一产业比重下降，而第二产业、第三产业比重上升。第一产业的比重由改革开放初期的 30% 左右下降至 2012 年的 10.1%；第二产业的比重先由 1980 年的 48.22% 下降到 1990 年的 42.32%，到 2012 年再次回升到 45.3%。第三产业的比重由 1980 年的 21.87% 升至 2012 年的 44.6%。

从三次产业对 GDP 增长的拉动和对 GDP 增长的贡献率上看，国民经济总量增长从主要由第一、二产业带动转为主要由第二、三产业带动。从各年度看，国内生产总值增长几乎有 50% 以上来自于第二产业，30% 以上来自第三产业，只有不足 10% 的份额来自第一产业。第二产业特别是工业的增长成为中国经济快速增长的主要动力之一，说明中国的工业化取得了进步。近年来，第三产业的发展也较为迅速，但份额相对较小，说明中国的产业结构与发达国家相比还有差距。

中国三次产业的就业结构也发生了很大变化。第一产业的劳动力占总劳动力的比重自改革开放以后就不断下降，从 1978 年的超过 70% 下降到 2012 年的 33.6%。第二产业和第三产业的就业人数不断增加，分别从 1978 年的 17.3% 和 12.2% 提升到 2012 年的 30.3% 和 36.1%。

2014 年 5 月，在江西九江青岛啤酒有限公司生产车间内，工人们正在生产线上忙碌。

从地区来看，第三产业增加值在 GDP 中占比最高的省、区、市是北京市。改革开放之后，随着首都功能定位的逐步明确，北京开始加快产业结构的升级和调整。1994 年服务业比重超过第二产业，形成“三、二、一”的产业格局；1995 年服务业比重超过 50%，标志着北京市从全国重要的工业基地逐步发展成为以第三产业为主的服务经济

表 3-1　2001-2012 年各产业增加值及占国内生产总值比重

年份	第一产业（亿元）	第二产业（亿元）	第三产业（亿元）	第一产业占比（%）	第二产业占比（%）	第三产业占比（%）
2001	15781.3	49512.3	44361.6	14.39	45.15	40.46
2002	16537.0	53896.8	49898.9	13.74	44.79	41.47
2003	17381.7	62436.3	56004.7	12.80	45.97	41.23
2004	21412.7	73904.3	64561.3	13.39	46.23	40.38
2005	22420.0	87598.1	74919.3	12.12	47.37	40.51
2006	24040.0	103719.5	88554.9	11.11	47.95	40.94
2007	28627.0	125831.4	111352.0	10.77	47.34	41.89
2008	33702.0	149003.4	131340.0	10.73	47.45	41.82
2009	35226.0	157638.8	148038.0	10.33	46.24	43.43
2010	40533.6	187383.2	173596.0	10.10	46.67	43.24
2011	47486.2	220412.8	205205.0	10.04	46.59	43.37
2012	52377.0	235319.0	231626.0	10.09	45.31	44.60

数据来源：《中国统计年鉴：2012》和《中华人民共和国 2012 年国民经济和社会发展统计公报》。

城市。此后，北京市第三产业比重节节攀升。2012 年，第三产业增加值占 GDP 的比重达到 76.4%，在全国稳居第一，北京实现了产业结构从工业主导型向服务业主导型的转变。2012 年上海第三产业增加值占比也首超 60%。第二产业增加值在 GDP 中占比最高的省、区、市是河南省，20 世纪 90 年代初期，河南的第一产业占比还较大，但近年来，该省第二产业发展很快，其增加值占 GDP 的比重高达 57%，位居全国第一。在大陆的 31 个省、自治区、直辖市中，第一产业增加值在 GDP 中占比最高的省份为海南省，第一产业的占比仍高达约 25%。

第一产业的发展

新世纪以来，中共中央、国务院确立了把解决好“三农”问题作为工作重中之重的战略思想，制定了“工业反哺农业、城市支持农村”和“多予、少取、放活”的指导方针；部署了加快发展现代农业、建设社会主义新农村的战略任务；取消了农业税，实行了对农、畜、林及草原等的直接补贴、良种补贴、农机具购置补贴和农资综合补贴；全面放开粮食购销，推进集体林权制度改革；坚持不懈地推进农业科技进步，加快推进现代农业建设，农业生产稳步发展，农业基础地位不断稳固。第一产业增加值由 2002 年的 14883 亿元，增加到了 2012 年的 52377 亿元，增加了 2.5 倍，年均增长达到 13%。农业产值结构也有了变化，2002 年种植业、林业、牧业、渔业比值分别为 54.5.%、3.8%、30.9%、10.8%，2011 年分别为 51.6%、3.8%、31.7%、9.3%。

农林牧渔全面发展

粮食综合生产能力连上新台阶。2012 年，全国粮食总产量达到 58957 万吨，比 2002 年增产 13246 万吨，增长 29%，年均增长 2.57%。2004 年至 2012 年粮食总产量实现连续九年增产，2007—2012 年粮食总产量连续 6 年超 5 亿吨，标志着中国粮食综合生产能力稳定跃上新台阶。主要粮食品种中，2012 年稻谷产量 20429 万吨，比 2001 年增长 17.1%；小麦产量 12058 万吨，增长 33.5%；玉米产量 20812 万吨，增长 71.5%。

经济作物全面增产。2012 年，棉花产量为 684 万吨，比 2002 年增产 192 万吨，增长 39%，年均增产幅度为 3.35%。油料产量为 3476 万吨，比 2002 年增产 576 万吨，增长 19.9%，年均增产幅度为 1.83%。糖料

2014 年 5 月，位于长江西陵峡畔湖北省宜昌市夷陵区境内的田园风光。

产量为 13493 万吨，增产 3342 万吨，增长 32.9%，年均增产幅度为 2.89%。烤烟产量达到 320 万吨，增产 107 万吨，增长 50.2%，年均增产幅度为 4.2%。茶叶产量为 180 万吨，增产 106 万吨，增长 143.2%，年均增产幅度为 9.3%。

肉蛋奶等主要畜产品产量稳定持续增长。2012 年全国肉类总产量达到 8384 万吨，比 2002 年增加 1794 万吨，增长 27.2%，年均增长幅度为 2.4%，肉类总产量稳居世界第一。水产品产量快速增长。2012 年，全国水产品总产量为 5906 万吨，比 2002 年增加 1393 万吨，增长 30.8%，年均增长 2.7%。

森林资源和林业经济快速增长。根据国家林业局第六次全国森林资源清查（1999—2003 年）到第七次全国森林资源清查（2004—2008 年）清查结果，全国森林面积净增 2054.30 万公顷，森林覆盖率由 18.21%

表 3-2 中国主要农产品产量（2001-2012 年）单位：万吨							
年度	稻谷	小麦	玉米	棉花	油料	茶叶	肉类
2001	17758	9387.3	11408.8	532.4	2864.9	70.2	6105.8
2002	17453.9	9029	12130.8	491.6	2897.2	74.5	6234.3
2003	16065.6	8648.8	11583	486	2811	76.8	6443.3
2004	17908.8	9195.2	13028.7	632.4	3065.9	83.5	6608.7
2005	18058.8	9744.5	13936.6	571.4	3077.1	93.5	6938.9
2006	18171.8	10846.6	15160.3	753.3	2640.3	102.8	7089
2007	18603.4	10929.8	15230	762.4	2568.7	116.5	6865.7
2008	19189.6	11246.4	16591.4	749.2	2952.8	125.8	7278.7
2009	19510.3	11511.5	16397.4	637.7	3154.3	135.9	7649.7
2010	19576.1	11518.1	17724.5	596.1	3230.1	147.5	7925.8
2011	20100.1	11740.1	19278.1	658.9	3306.8	162.3	7957.8
2012	20429	12058	20812	684	3476	180	8384
数据来源：《中国统计年鉴：2012》和《中华人民共和国 2012 年国民经济和社会发展统计公报》							

提高到 20.36%，活立木总蓄积净增 11.28 亿立方米，森林蓄积净增 11.23 亿立方米，天然林面积净增 393.05 万公顷，天然林蓄积净增 6.76 亿立方米，人工林面积净增 843.11 万公顷，人工林蓄积净增 4.47 亿立方米。据国家林业局统计，2003 年至 2011 年全国林业重点工程累计完成造林面积 3646.4 万公顷，其中天然林保护工程 707.1 万公顷，退耕还林工程 1720.8 万公顷，京津风沙源治理工程 431.9 万公顷，速生丰产用材林基地工程 9.2 万公顷。2012 全年完成造林面积 601 万公顷，其中人工造林 410 万公顷。林业重点工程完成造林面积 274 万公顷，占全部造林面积的 45.6%。

2014 年 4 月，四川省华蓥市农民喜滋滋地采摘樱桃。

农业现代物质技术装备水平不断改善

农业科技创新成效显著。科技进步是农业发展的根本动力。新世纪以来，中国政府高度重视科技在建设现代农业中的重要作用，在生物育种、粮食丰产、节水农业、数字农业、循环农业、动植物疾病防治等领域开展科技攻关，取得了一系列重大科技成果，增加了农业技术储备，显著提高了农业生产技术水平和综合生产能力。2012 年农业科技进步贡献率达到 54.5%；主要粮食品种良种覆盖率达到 96% 以上，亩产首次达 350 公斤以上，单产提高对粮食增产贡献率达到 80.5%。全年未发生重大农产品质量安全事件和区域性重大动物疫情，蔬菜、畜禽、水产品质量安全例行监测合格率分别达到 97.9%、99.7% 和 96.9%，同比分别上升 0.5、0.1 和 0.1 个百分点。2013 年 1 月中国农业部公布了《全国现代农作物种业发展规划（2012—2020 年）》。规划提出，到 2020 年主要农作物良种覆盖率达到 97% 以上，良种在农业增产中的贡献率达到50%以上，前50强企业的市场占有率达到60%以上，例行监测的种子企业覆盖率达到50%以上。

农业机械化水平快速提高。农业机械化是农业现代化的重要标志，是改善农业生产条件、农民生活水平、农村生态环境的重要途径。新世纪以来，农业机械装备水平实现快速发展。据农业部统计，2011年全国农用机械总动力97735万千瓦，比2002年增长68.7%，年均增长6%；大中型拖拉机441万台，比2002增长3.8倍，年均增长19.1%；小型拖拉机1811万台，比2002年增长35.2%，年均增长3.4%；联合收割机111万台，比2002年增长2.6倍，年均增长15.3%。2011年全国农作物耕种收综合机械化率达到54.5%，比2005年提高18.6个百分点。2012年农业总动力突破10亿千瓦，耕种收综合机械化水平达到57%。

农业基础设施建设持续加强。新世纪以来，国家大力推广保护性耕作技术，实施旱作农业示范工程，推广测土配方施肥，推行有机肥

2014年3月11日，四川省绵阳市安县黄土镇盐井村，农技人员正利用农用智能无人机喷洒农药。

综合利用与无害化处理，引导农民多施农家肥，增加土壤有机质。据农业部统计，截至 2010 年，测土配方施肥项目已涵盖全国 2498 个县（场、单位），受益农户达 1.6 亿，技术推广面积 11 亿亩以上；土壤有机质提升试点项目已涵盖全国 30 个省（区、市，含中央农垦系统）的 619 个县（市、区、场），实施面积增加到 2750 万亩。水利基础设施建设力度加大。根据水利部统计，2011 年全国有效灌溉面积为 61682 千公顷，比 2002 年增长了 13.5%。

农业科技是确保国家粮食安全的基础支撑，是突破资源环境约束的必然选择，是加快现代农业建设的决定力量。加强农业科技创新能力条件建设，健全现代农业科技创新体系，对于突破资源环境约束、转变农业发展方式、增强农业国际竞争力、提高农业可持续发展能力，具有十分重要的意义。2013 年中共中央一号文件明确要求“加强农业科技创新能力条件建设和知识产权保护”，这为加快推进农业科技创新能力条件建设提供了更加有力的政策保障。

随着农林牧渔业的发展，中国主要农产品的人均占有量也不断增加。21 世纪以来，粮食作物的人均占有量从 2000 年的 366 公斤增加到 2012 年的 435.4 公斤；油料人均占有量从 2000 年的 23.4 公斤增加到 2012 年的 25.6 公斤；棉花人均占有量也从 3.5 公斤增加到 5 公斤；猪羊牛肉人均占有量则从 37.57 公斤增加到 61.9 公斤；水产品人均占有量从 2935 公斤增加到 43.6 公斤。

第二产业的发展

改革开放以来，中国首先扭转了轻重工业发展比例严重失调、消费品及其短缺的局面。随着工业化进程的深入发展，中国工业整体实力迅速提高，20 世纪 90 年代重化工业得到高速发展。新世纪以来，一方面，深入贯彻落实科学发展观、工业经济结构不断优化；另一方面，积极利用加入世界贸易组织机遇，中国成为了“世界工厂”。中国工业坚持科学发展，坚持快速发展，工业经济规模快速扩张，结构不断优化，质量不断提高，国内生产总值增长几乎有 50% 以上都来自于第二产业。

工业生产规模不断扩大

中国的工业总产值不断增长，规模越来越大。1990 年，工业总产值为 18689.22 亿元，而到了 2012 年，这一数字变为 199860 亿元，比上年增长 7.9%。主要工业品产量位居世界第一。2012 年，中国的原煤产量达到 36.5 亿吨，原油产量达到 2.07 亿吨，水泥产量达到 22.1 亿吨，粗钢产量达到 7.71 亿吨，发电量达到 49377 亿千瓦小时，十种有色金属产量达到 3672 万吨。在第二产业中，工业增加值占 GDP 的比重要远远大于建筑业增加值占 GDP 的比重。2012 年，工业增加值占 GDP 的比重大约为建筑业增加值占 GDP 比重的 6 倍。

工业在全球制造业中的影响力不断提升。据美国经济咨询公司环球通视数据，2010 年中国制造业产出占世界的比重为 19.8%，超过美国成为全球制造业第一大国。据中国社科院相关资料，在世界 500 种主要工业品中，中国有 220 种产品产量居全球第一位，其中粗钢、电解铝、水泥、精炼铜、船舶、计算机、空调、冰箱等产品产量都超过

表 3-3　中国主要工业品的产量（2001—2012 年）

年度	原煤产量（亿吨）	原油产量（万吨）	天然气（亿立方米）	水泥产量（万吨）	钢产量（万吨）	汽车产量（万辆）	发电量（亿千瓦时）
2001	14.72	16395.87	303.29	66103.99	15163.44	234.17	14808.02
2002	15.5	16700	326.61	72500	18236.61	325.1	16540
2003	18.35	16959.98	350.15	86208.11	22233.6	444.39	19105.75
2004	21.23	17587.33	414.6	96681.99	28291.09	509.11	22033.09
2005	23.5	18135.29	493.2	106884.79	35323.98	570.49	25002.6
2006	25.29	18476.57	585.53	123676.48	41914.85	727.89	28657.26
2007	26.92	18631.82	692.4	136117.25	48928.8	888.89	32815.53
2008	28.02	19043.06	802.99	142355.73	50305.75	930.59	34957.61
2009	29.73	18948.96	852.69	164397.78	57218.23	1379.53	37146.51
2010	32.35	20241.4	948.48	188191.17	63722.99	1826.53	42071.6
2011	35.2	20287.55	1026.89	209925.86	68528.31	1841.64	47130.19
2012	36.5	20700	1072.2	221000	71716	1927.7	49377.7

数据来源：《中国统计年鉴：2012》和《中华人民共和国 2012 年国民经济和社会发展统计公报》

世界总产量的一半。据德勤和美国竞争力委员会发布的《2010 全球制造业竞争力指数》报告，2010 年中国制造业竞争力指数在被评的 26 个国家中排名第一。

工业经济结构的变化

多种所有制经济共同发展。一是国有经济布局和结构调整取得成果。2011 年，规模以上工业国有控股企业实现产值 22.1 万亿元，占规模以上工业的 26.2%，其中，在煤、电、油、气、水的生产和交通运输设备制造等关系国计民生的重要领域，所占比重达到 40%—95%；在冶金、有色等原材料领域，比重达到 25%—40%；但在多数竞争性行业比重在 10% 以下。二是私营企业快速壮大。2005—2011 年，规模以上私营工业企业增加值年均增长 22.1%，增速高于其他所有制类型企业。2011 年，私营企业工业总产值达到 25.2 万亿元，比 2002 年增长 18.5 倍，占规模以上工业的 29.9%，比 2002 年提高 18.2 个百分点。

2014 年 5 月，安徽省淮北市，女工在纺织厂生产车间内加工出口的纺织产品。

三是港澳台及外商投资经济仍发挥重要作用。2011 年，规模以上港澳台及外商投资工业企业实现工业总产值 21.8 万亿元，比 2002 年增长 5.7 倍，占规模以上工业的 25.9%；吸纳就业 2574 万人，占规模以上工业的 28.1%。

产业转型升级效果明显。新世纪以来，中国围绕走新型工业化道路的战略目标，以调整改造传统产业和培育发展战略性新兴产业为突破口，实行减扣税、贴息、增加财政补贴、提供优惠信贷和资本市场融资优先、加大对高技术产业和自主创新的支持力度、重点发展装备制造业、培育战略性新兴产业等一系列政策，大力推动由传统制造业向现代制造业的转变。同时，通过项目审批、信贷、土地、环保、电力供应和出口退税等措施，对能源、资源密集型重化工业进行了重点调控，采取“上大压小”措施，加大兼并重组和淘汰落后产能力度，有效促进了工业整体素质和国际竞争力提升。“十一五”（2006—2010）期间全国共淘汰落后炼铁产能 1.1 亿吨，炼钢产能 6800 多万吨，水泥产能 3.3 亿吨，焦炭产能 1 亿吨，造纸产能 1030 万吨，玻璃产能 3800 万重量箱，占全部落后产能的 50% 左右。在关闭造纸、化工、纺织、印染、酒精、味精、柠檬酸等重污染企业方面都取得积极进展。煤炭、钢铁、水泥等行业兼并重组稳步推进，产业集中度明显上升。

近年来高耗能行业投资过快增长得到有效遏制。2003—2005 年高耗能行业投资增速分别高达 43.9%、43.1% 和 31.9%，在国家一系列调控政策的作用下，高耗能行业投资增速明显回落，2010、2011 年分别仅为 14.7% 和 18.3%。

在国家产业政策的扶持和促进下，一是装备制造业实力显著提升。2004—2011 年，规模以上装备制造业增加值年均增长 17.8%，增速比规模以上工业高 2.7 个百分点。2011 年，装备制造业总产值达到 27.7 万亿元，比 2002 年增长 6.4 倍，占规模以上工业比重达到 32.8%。重

位于云南昆明的一家国家高新技术产业基地。

大技术装备自主化水平明显提高，如目前中国钢铁产业炼钢主体设备90%实现了国产化，已经具备了全流程自主设计、自主集成建设千万吨级现代化钢铁基地的能力。某些装备制造达到国际先进水平，如风力电机等行业技术水平跃居世界前列。二是高技术制造业快速发展。2004—2011年，规模以上高技术制造业增加值年均增长16.8%，增速比规模以上工业高1.6个百分点。2011年，高技术制造业总产值达到8.8万亿元，比2002年增长4.9倍，移动电话、彩电、计算机、部分药物等主要高技术产品的产量居世界第一。2012年1—11月份，高技术产业增加值同比增长11.8%，高出规模以上工业增加值平均增速1.8个百分点。在信息领域，集成电路芯片设计能力大幅提升，12英寸集成电路芯片制造能力和设备配套能力显著增强；在航空航天领域，载人航天、探月工程、北斗导航等取得重大进展；在生物领域，创新药物和疫苗、基因工程、诊断试剂、生物育种等产业创新活力旺盛，成为高技术产业发展的新引擎。

2014年6月，在广西蒙山县茧丝绸产业园区，一家丝绸企业的工人正在车间里忙碌。

中西部地区工业发展快于东部。2004—2011年，中部和西部地区规模以上工业增加值年均增长16.6%和16.4%，分别比东部高2和1.8个百分点。2011年，中部地区规模以上工业总产值达到16.1万亿元，占全国的19.1%，比2002年提高5.5个百分点，对全国规模以上工业增速的贡献率由2004年的16.7%提高到2011年的28.9%。西部地区规模以上工业总产值达到11.8万亿元，占全国的14%，比2002年提高2.9个百分点，对全国规模以上工业增速的贡献率由2004年的11.3%提高到2011年的18.5%。2012年1—11月份，东、中、西部地区工业增加值同比分别增长8.7%、11.4%和12.8%。

工业经济效益水平不断改善。2011年规模以上工业劳动生产率达到92.1万元/人年，比2002年增长3.6倍；规模以上工业总资产贡献率达到16.1%，提高6.6个百分点；成本费用利润率达到7.7%，提高2.1个百分点。规模以上工业单位增加值资源消耗量和污染物排放量大幅下降。据国家统计局统计，2012 年 1—10 月份，全国规模以上工业企业盈亏相抵实现利润 4.02 万亿元，同比增长 0.5%，年内首次实现正增长，上缴税金同比增长 8.5%; 主营业务收入利润率为 5.46%，同比回落 0.53 个百分点，但比前三季度提高 0.1 个百分点；全部从业人员平均人数 9017 万人，同比增长 1%。

工业进出口情况

出口保持较快增长。2001 年中国加入世界贸易组织以来，“中国制造”与世界经济的融合进一步加快，中国工业出口保持快速增长。2011 年，规模以上工业出口交货值达到 10 万亿元，比 2002 年增长 4 倍。2003—2007 年，工业企业出口交货值占工业销售产值的比重平均达到 19.4%。2008 年以来，面对国际金融危机的冲击，中国在扩大内需方面取得了积极进展，在一定程度上弥补了出口增长趋缓的冲击。2008 年出口交货值占工业销售产值比重为 16.7%，2011 年下降到 12%。

产品进出口结构优化。十年来，中国工业产品进出口结构不断优化，中高端产业国际竞争力增强。2011 年，规模以上装备制造业出口交货值 6.5 万亿元，比 2002 年增长 5.6 倍，占全部规模以上工业出口交货值的 65.4%，比 2002 年提高 16.4 个百分点。与此同时，先进技术、设备、关键零部件进口快速增长。据海关统计，2011 年中国进口机电产品 7533 亿美元，比 2002 年增长 3.8 倍；进口高新技术产品 4630 亿美元，增长 4.6 倍。

工业领域认真贯彻落实科学发展观，坚持走新型工业化道路，从容应对加入世界贸易组织后的新变化，经受住了国际金融危机以及其它不利因素带来的冲击，工业生产实现又好又快发展，在全球工业经济的影响力不断提升。同时，中国工业发展依然面临着一些突出矛盾和问题。特别是与可持续发展要求相比，经济结构仍不尽合理。如高耗能产业增长过快，对资源、环境带来很大压力；一些领域盲目投资、产能过剩问题进一步暴露，淘汰落后产能工作难度加大；工业自主创新能力不足，核心技术和高端人才缺乏；区域经济发展不平衡、不协调问题依然突出等。

主要产业

机械工业

机械工业素有“工业的心脏”之称，它的发展水平是衡量一个国家工业化程度的重要标志。2000—2010 年的十年，中国机械工业规模以上企业从 3.4 万家增加到 10.5 万家；2010 年工业总产值、工业增加值与实现利润，均为 2000 年的 10 倍左右。2010 年产销迈上 14 万亿元人民币的新台阶，确立了世界机械制造大国的地位。

2012 年，中国机械工业累计完成工业总产值 18.41 万元，同比增长 12.64%；完成工业销售产值 18.04 万元，同比增长 12.54%。2012 年机

2014 年 3 月 13 日，中国国际机械工业展览会在宁波国际会展中心拉开序幕。图为商家在向客户介绍自动化、智能化机器人。

械工业总产值占全国工业总产值约 19.75%，机械工业增加值占全国工业增加值约 19%，机械工业增加值占全国 GDP 约 9%。2013 年 1—5 月机械工业增加值同比增长 9.3%。

中国机械工业大而不强、基础薄弱、高端装备主要依靠进口的局面仍然没有明显的改观，目前又面对国际国内复杂多变的形势和环境：发展方式仍然较为粗放；产业结构不合理；自主创新能力薄弱；基础发展滞后。在以上方面取得突破是实现中国机械工业可持续发展、由大变强亟需解决的问题。

钢铁工业

钢铁工业作为重要基础原材料行业，是工业化的支柱产业，在国民经济发展中有着举足轻重的作用。新中国成立后，党和国家的领导人高度重视钢铁的生产，以至于“以钢为纲”。但经过近 30 年的努力，虽然为钢铁工业的发展奠定了坚实基础，但一直没有使钢铁工业摆脱“瓶颈”制约的状况。改革开放以来，中国钢铁产业有了飞速发展，1982 年产钢 3716 万吨，超过联邦德国，居世界第四位；1992 年产钢 8093 万吨，超过俄罗斯，居世界第三位；1993 年产钢 8953 万吨，超过美国，居世界第二位；1996 年产钢突破亿吨大关，达到 1.01 亿吨，超过日本，居世界第一位。2005 年粗钢产量突破 3 亿吨，达到 35579 万吨，由钢铁产品净进口国转为净出口国。“十一五”期间更是增加了 2.75 亿吨，五年间跨越 4 亿、5 亿和 6 亿吨 三个台阶。2012 年粗钢产量为 7.17 亿吨，占全球粗钢总产量比例近一半。钢铁工业的快速发展为中国工业化、城市化及经济的发展作出了巨大贡献。

另一方面，由于其自身生产特点，钢铁工业也是资源、能源密集型及污染排放的重点行业。伴随着产量的增加，钢铁工业产业结构矛盾、产能过剩、环境资源约束等问题也愈加严峻。中国钢铁工业原料的对外依赖程度也随着产量的迅猛增长而不断严峻，全国进口铁矿石

2014 年 5 月，中铁工程装备集团有限公司盾构总装车间。

产铁量占全国生铁总产量比由 2000 年的 34.46% 增加到了 2010 年的 67%，2012 年全国累计进口铁矿石 74355 万吨，同比增长 8.4%。特别是 2008 年金融危机以来，国内外市场需求不足，钢铁工业陷入全行业亏损局面，2012 年 80 家重点大中型钢铁企业累计实现销售收入 35441 亿元，同比下降 4.3%；实现利润 15.8 亿元，同比下降 98.2%，销售利润率几乎为零（只有 0.04%）。钢铁工业化解产能过剩、调整工业结构、转变发展方式迫在眉睫。

汽车产业

汽车工业是工业文明的产物和代表，同时也是一个国家工业水平和实力的综合体现。新世纪以来，中国汽车工业得到高速发展。2001 年《国民经济和社会发展十五计划纲要》第一次明确“轿车进入家庭”的提法；2004 年《汽车产业发展政策》发布；2009 年国务院出台《汽车产业调整和振兴规划》。从 2001 年至 2008 年，中国汽车产销平均每年跨越 100 万辆台阶，2009 年中国汽车产销量跃居世界第一，2010

年、2011 年汽车产销量连续两年超过 1800 万辆，不断刷新全球汽车产销纪录。2011 年中国汽车产销分别达到 1841.89 万辆和 1850.51 万辆，较 2001 年增长了 6.87 倍和 6.83 倍；汽车产量占全球的比重达到 23%。同时，中国积极推动汽车节能环保技术发展和应用，推动汽车工业节能减排。“十一五”期间，汽车排放达到国三标准，乘用车整体油耗水平比 2002 年下降 15% 左右。到 2011 年底，25 个示范试点城市累计示范推广使用节能与新能源汽车超过 1.5 万辆。2012 年 7 月，国务院颁布了《节能与新能源汽车产业发展规划（2012—2020 年）》，明确了节能与新能源汽车产业发展的技术路线、发展目标、主要任务和政策措施。2012 年汽车产销 1927.18 万辆和 1930.64 万辆，同比分别增长 4.63% 和 4.33%。连续 4 年蝉联世界第一。2013 年上半年，汽车产销量均突破 1000 万辆大关，分别达到 1075.17 万辆和 1078.22 万辆，同比分别增长 12.8% 和 12.3%。

2014 年 4 月，消费者在江西九江市第五届汽车展览交易会上选购汽车。

石油和化学工业

2012 年石油和化学工业受到如下因素影响：经济下行压力加大，内外需减弱；自主创新能力不强，缺乏新的投资增长点；过剩行业仍在扩大产能，同质化产品市场竞争激烈。石油和化学工业经济运行基本保持平稳，但是增速下滑，行业主营业务成本增长高于主营业务收入增长 1.8 个百分点，财务费用同比增长 40.8%，成本居高不下，经济效益降幅很大。石油和化学工业增加值同比增长（下同）8.29%，其中化工增长 12.1%；全行业规模以上企业累计实现主营业务收入 11.85 万亿元，增长 10.9%，其中化工为 7.08 万亿元，增长 12.7%；从业人数 680 万，增长 3.1%。2012 年全行业实现利润总额 7980 亿元，同比下降 0.7%，其中化工为 3848.9 亿元，同比下降 4%。

2012 年，主要化学品总产量达 4.59 亿吨，同比增长 8.0%。大部分产品增长平稳，农化产品产量增长较快，对保障国家粮食安全发挥

2010 年 9 月，上海一石化工业区鸟瞰。

了积极作用。2013 年上半年，石油和化学工业增加值同比增长 7.88%。

电子信息制造业

改革开放 30 多年，中国电子信息制造业也得到快速发展， 2002 年至 2011 年，中国规模以上电子信息制造业增加值从 2715 亿元增至 16276 亿元，十年间增加了 6 倍；销 售收入、实现利润和税金、及出口额年均增速都在 20% 以上。2007 年，中国已成为世界电子信息产品第一制造大国，2011 年彩电、手机、计算机等主要电子产品产量占全球出货量的比重分别达到 48.8%、70.6% 和 90.6%，均名列世界第一。

受国际金融危机影响，2009 年电子信息制造业在新世纪首次出现负增长，成为国民经济中受冲击最明显的行业。《电子信息产业调整和振兴规划》的出台，及时扭转了电子信息制造业增速下滑趋势，有

2014 年 5 月，联想集团发布截至 2014 年 3 月 31 日的 2013/14 财年业绩报告，在该财年，联想营收增长 14% 至 387 亿美元；净利 8.17 亿美元，较上年增长 28.7%，二者均创历史新高。

效提升电子信息制造业内销产值贡献率，推动产业重新恢复到平稳增长的轨道。2011 年，规模以上电子信息制造业增加值、投资增速分别高于工业平均水平 2 和近 20 个百分点，行业收入、利润占全国工业比重分别达到 8.9% 和 6.1%，电子信息制造业在工业中的支柱作用日益凸显。在产业转移及政策带动产业布局优化调整的双重作用下，中、西部地区电子信息制造业加速发展，有望形成新增长极。2011 年，中、西部地区规模以上电子信息制造业年销售产值分别同比增长 63.1% 和 74.3%，比全国平均增速高 42 和 53.2 个百分点，已连续 4 年增速显著高于东部地区。

2012 年 1—11 月份，中国电子制造业增加值同比增长 11.6%，增速同比回落 4.3 个百分点；但利润率仍处较低水平。1—10 月份，电子制造业实现利润同比增长 10%，增速比前三季度加快 4.3 个百分点；主营业务收入利润率仅为 3.1%，比全部规模以上工业企业低 2.36 个百分点，企业亏损面达 24.7%。2013 年国际经济形势依然复杂，世界经济复苏缺乏动力，在日趋激烈的市场竞争中，长期处于产业链中低端的中国电子制造业所面临的发展环境仍然严峻。

第三产业的发展

第三产业发展与结构变化

第三产业的兴旺发达，是现代经济的一个重要特征。中国第三产业在国民生产总值中的比重，大大低于发达国家和许多发展中国家。新世纪以来，中共中央、国务院十分重视第三产业的发展，陆续出台支持现代物流业、高技术服务业、节能服务业、家庭服务业、文化产业、体育产业发展的政策措施，从财税、信贷、土地和价格等方面不断深化、细化和完善促进服务业发展的政策体系，重点从加快推进服务领域改革，加大政策扶持力度，拓宽投融资渠道，加大对服务业的投入力度，不断优化服务业发展环境等方面，有力地促进了服务业快速发展。

2013 年 11 月，上海快递业务迎来旺季，其繁忙程度不亚于交通运输业的“春运”。

2002—2012 年，第三产业保持了较快发展态势，第三产业增加值年均增长 20%，占国内生产总值的比重从 2002 年的 33.7% 提高到 2012 年的 44.6%，提高 10.9 个百分点。

2003—2011 年，交通运输、批零贸易、餐饮等传统服务业增势平稳，为增加就业、方便群众生活发挥了重要作用。交通运输、仓储和邮政业增加值年均增长 9.3%，占第三产业增加值比重由 15.0% 下降至 10.7%。批发和零售业增加值年均增长 13.7%，占第三产业增加值的比重由 20.0% 上升至 21.5%。金融保险、房地产、信息咨询、电子商务、现代物流、旅游等现代服务业实现高速增长，大大提高了服务业的整体质量和水平。2003—2011 年，金融业增加值年均增长 13.7%，在第三产业增加值中所占比重由 9.2% 上升为 11.8%，提高了 2.6 个百分点。房地产业增加值年均增长 10.0%，所占比重由 10.7% 上升为 13.0%，提高了 2.3 个百分点。第三产业就业人员从 2002 年的 20958 万人增加到 2011 年的 27282 万人，年均增加 702.7 万人，年均上升 0.8 个百分点。通过历史比较，可以发现，交通运输、仓储和邮政业增加值占第三产业的比重有不断降低的趋势，而房地产业和金融业增加值占第三产业的比重有不断上升的趋势。

主要产业发展情况

交通运输业

交通运输能力持续增强。铁路迎来了史无前例的跨越式发展，高速铁路从无到有飞速发展，生产出时速高达 350 公里的动车组，标志着中国铁路运输达到国际先进水平。“五纵七横”国道主干线和西部开发八条公路干线建成。2012 年底，全国公路总里程达 423.75 万公里，比上年末增加 13.11 万公里。公路密度为 44.14 公里 / 百平方公里，提高 1.37 公里 / 百平方公里。其中，高速公路网络更加完善。全国高

在京沪高铁的带动下，沿线中间城市成为承接“长三角”和“环渤海”两大经济区产业转移的新平台。

速公路里程达 9.62 万公里，比上年末增加 1.13 万公里。全国高速公路车道里程 42.46 万公里，增加 4.87 万公里。全国铁路营业里程达到 9.8 万公里，居世界第二位；高铁运营里程达到 9356 公里，居世界第一位。目前中国铁路完成的旅客周转量、货物发送量、货物周转量、换算周转量居世界第一位。共有定期航班航线 2457 条，按重复距离计算的航线里程为 494.88 万公里， 按不重复距离计算的航线里程为 328.01 万公里。

2012 年全年货物运输总量 412 亿吨，比上年增长 11.5%。货物运输周转量 173145 亿吨公里，增长 8.7%。全年规模以上港口完成货物吞吐量 97.4 亿吨，比上年增长 6.8%，其中外贸货物吞吐量 30.1 亿吨，增长 8.8%。规模以上港口集装箱吞吐量 17651 万标准箱，增长 8.1%。全年旅客运输总量 379 亿人次，比上年增长 7.6%。

旅客运输周转量33369亿人公里，增长7.7%。年末全国民用汽车保有量达到12089万辆（包括三轮汽车和低速货车1145万辆），比上年末增长14.3%，其中私人汽车保有量9309万辆，增长18.3%。民用轿车保有量5989万辆，增长20.7%，其中私人轿车5308万辆，增长22.8%。

邮政通信业

邮电通信业蓬勃发展。2003–2011年，全国邮电业务总量年均增长23.2%。传统业务继续发展，移动电话用户数快速增加。2011年，固定电话年末用户达到28510万户，比2002年增长33.1%；移动电话年末用户达到98625万户，比2002年增长3.8倍。新兴业务不断发展壮大，快递等新兴业务不断涌现，3G移动用户迅猛发展，互联网规模快速壮大。

2007年9月，郑州街头的中国联通CDMA掌上股市展台吸引了消费者的目光。

2012 年全年完成邮电业务总量 15022 亿元，比上年增长 13.0%。其中，邮政业务总量 2037 亿元，增长 26.7%；电信业务总量 12985 亿元，增长 11.1%。邮政业全年完成邮政函件业务 70.74 亿件，包裹业务 0.69 亿件，快递业务量 56.85 亿件。电信业全年局用交换机容量新增 478 万门，总容量 43906 万门；新增移动电话交换机容量 11234 万户，达到 182870 万户。年末固定电话用户 27815 万户，其中，城市电话用户 18893 万户，农村电话用户 8922 万户。新增移动电话用户 12590 万户，年末达到 111216 万户，其中 3G 移动电话用户 23280 万户。年末全国固定及移动电话用户总数达到 139031 万户，比上年末增加 11896 万户。电话普及率达到 103.2 部 / 百人。互联网上网人数 5.64 亿人，居全球第一，其中宽带上网人数 5.30 亿人。互联网普及率达到 42.1%。

旅游业

五千年的中华文明和秀美山川，造就了中国得天独厚的旅游资源。经过改革开放 30 多年的发展，中国的旅游市场规模已跃居世界前列，旅游业的巨大潜力正在逐步爆发，进入了快速发展的“黄金期”。国内旅游人数从 2002 年的 8.8 亿人次增加到 2011 年的 26.4 亿人次。

2012 年旅游业总收入约为 2.57 万亿元，全年国内出游人数 29.6 亿人次，比上年增长 12.1%；国内旅游收入 22706 亿元，增长 17.6%。入境旅游人数 13241 万人次，下降 2.2%。其中，外国人 2719 万人次，增长 0.3%；香港、澳门和台湾同胞 10521 万人次，下降 2.9%。国际旅游外汇收入 500 亿美元，增长 3.1%。国内居民出境人数 8318 万人次，增长 18.4%。其中因私出境 7706 万人次，增长 20.2%，占出境人数的 92.6%。

2012 年中国成功举办“俄罗斯旅游年”，225 项活动顺利完成。制定新形势下旅游市场宣传推广工作意见。组织参加 23 个国际重大旅展和 8 项境外专项推广活动。在北京市成立的世界旅游城市联合会，成为全球第一个以城市为主体的国际旅游组织。启动天津等 10 个城市

2014年5月17日，广西桂林市阳朔县高田镇龙潭村，几名外国游客在村里的一户农民家中吃农家饭。如今该村的民居旅游、品果旅游等旅游每年吸引大量中外游客慕名前来参观览胜。

赴台个人游试点，将赴金马澎地区个人游范围扩大至海西地区所有城市，新增赴台游组团社52家。全年大陆居民赴台旅游超过197万人次，同比增长58%。

2013年，中国旅游经济持续平稳发展，旅游市场继续呈现“两增一平”的态势：国内旅游市场保持增长，出境旅游市场较快增长，入境旅游市场小幅下降。

文化产业

文化事业进一步加强，公共文化服务体系建设进入快速、稳定的重要发展期。2012年末全国文化系统共有艺术表演团体2089个，博物馆2838个，全国共有公共图书馆2975个，文化馆3286个。各类广播电视播出机构共有2579座。有线电视用户2.14亿户，有线数字电视用户1.43亿户。年末广播节目综合人口覆盖率为97.5%；电视节目综合

2014 年 5 月 18 日，深圳，第十届中国（深圳）国际文化产业博览交易会举行。

人口覆盖率为 98.2%。全年生产电视剧 506 部 17703 集，电视动画片 222838 分钟。全年生产故事影片 745 部，科教、纪录、动画和特种影片 148 部。出版各类报纸 476 亿份，各类期刊 34 亿册，图书 81 亿册（张）。年末全国共有档案馆 4107 个，已开放各类档案 11662 万卷（件）。

体育事业不断进步，2012 年中国运动员在 24 个运动大项中获得 107 个世界冠军，共创 14 项世界纪录。在伦敦奥运会上，中国运动员共获得 38 枚金牌，奖牌总数 88 枚，位列奥运会金牌榜和奖牌榜第二位。在伦敦残奥会上，中国运动员共获得 95 枚金牌，蝉联金牌榜和奖牌榜第一位。

中国文化产业增加值在 2010 年超过 1 万亿元，达到 11052 亿元，占同期 GDP 的 2.75%。“十一五”期间，文化产业增加值年均增长速度在 20% 以上，在国民经济中所占比重逐步增加。2011 年文化产业法人单位增加值达 13479 亿元，占 GDP 比重达 2.85%；文化产业法人单位增加值占 GDP 比重从 2004 年的 1.94% 增至 2011 年的 2.85%，年平均增长 23.35%。2012 年中国文化产业增加值达到 16000 亿元左右，维持 18% 至 20% 的年均增速。中共十八大报告提出，要推动文化产业快速发展，到 2020 年全面建成小康社会，文化产业成为国民经济支柱性产业。

软件业

软件产业是国民经济和社会发展的基础性、先导性、战略性和支柱性产业，对经济社会发展具有重要的支撑和引领作用。发展和提升软件和信息技术服务业，对于推动信息化和工业化深度融合，培育和发展战略性新兴产业，加快经济发展方式转变和产业结构调整，提高国家信息安全保障能力和国际竞争力具有重要意义。2000 年以来，国务院先后发布了《鼓励软件产业和集成电路产业发展的若干政策》和《进一步鼓励软件产业和集成电路产业发展的若干政策》，从财税、投融资、研究开发、进出口、人才、知识产权、市场等方面给予了较为全面的政策支持。"十一五"以来，工业和信息化部充分发挥规划对软件产业的引导作用，及时制定和发布了《软件和信息技术服务业"十二五"发展规划》《信息安全产业"十二五"发展规划》。经过全行业的共同努力，中国软件和信息技术服务业步入新的快速发展阶段，初步形成了较为完整的技术和产业体系。"十一五"期间实现平均增速 4.4 个百分点，2011 年，中国软件产业实现业务收入超过 1.84 万亿元，产业规模是 2005 年的 4.7 倍，软件产业占电子信息产业比重从 2000 年的 5.8% 上升到 19.9%。软件企业数量超过 3 万家，从业人数超过 300 万人。

2012 年中国软件产业共实现软件业务收入 2.5 万亿元，同比增长 28.5%。2013 年上半年，中国软件产业实现软件业务收入 1.39 万亿元，同比增长 24.5%。

表 3-4　2012 年中国软件企业十大品牌排名		
1	华为 HUAWEI	华为技术有限公司，成立于 1988 年中国深圳，全球领先的电信解决方案供应商之一，员工持股的民营科技公司。
2	中兴 ZTE	中兴通讯股份有限公司，全球领先综合通信解决方案提供商，高科技通信设备主导供应商，十大 IT 软件品牌。
3	神州数码	神州数码控股有限公司，中国十大软件企业，最佳整体解决方案提供商，最佳 IT 服务管理提供商。
4	海尔 Haier	海尔集团公司，亚洲企业 200 强，海尔是世界白色家电第一品牌、中国最具价值品牌之一。
5	方正 FOUNDER	北大方正集团有限公司，国内最有影响力的高科技上市企业之一，国有大型企业集团，国家技术创新试点企业之一。
6	熊猫	熊猫电子，中国十大软件企业，国家重点高新技术企业，国有综合性大型电子企业。
7	浙大网新	浙大网新科技股份有限公司，中国信息技术咨询服务领先者，中国电子信息百强，全球 IT 服务 100 强。
8	浪潮	浪潮集团有限公司，中国最早的 IT 品牌之一，中国企业 500 强，国家重点实验室，国家级企业技术中心。
9	东软 Neusoft	东软集团股份有限公司，中国最大的 IT 解决方案与服务供应商之一，国家数字化医学影像设备工程技术研究中心。
10	清华同方	同方股份有限公司，世界品牌 500 强企业，国家高新技术企业，中国科技 100 强，行业影响力品牌。

房地产行业的发展及调整

1978 年以后，国家以经济建设为中心，中国的房地产市场才开始真正的发展起来。1998 年《国务院关于进一步深化城镇住房制度改革，加快住房建设的通知》，使住房制度改革取得了突破性的进展；为应对 1998 年亚洲金融危机的冲击，中国政府提出，将住宅建设发展成为新的经济增长点，房地产业进入了高速发展的时期。同时，国家 出台一系列政策规范调控房地产行业的发展。2004 年房地产市场化进程

2012 年 7 月，市民在河南洛阳市某楼盘售楼部看盘商议。

进一步加快，企业数量迅速增加，企业规模不断扩大，万科、合生创展、保利房地产、恒大等一大批房地产龙头企业崛起，成为推动中国房地产发展的主要力量。2003—2011 年，第三产业中，房地产开发累计完成投资 261377 亿元，年均增长 25.8%。房地产业增加值年均增长 10.0%，所占比重由 10.7% 上升为 13.0%，提高了 2.3 个百分点。

2012 年房地产业固定资产投资 92357 亿元，占全社会固定资产投资的 24.6%。2012 年全年房地产开发投资 71804 亿元，比上年增长 16.2%。其中，住宅投资 49374 亿元，增长 11.4%；办公楼投资 3367 亿元，增长 31.6%；商业营业用房投资 9312 亿元，增长 25.4%。全年新开工建设城镇保障性安居工程住房 781 万套（户），基本建成城镇保障性安居工程住房 601 万套。

房地产业的蓬勃发展，在扩大内需、拉动经济增长、扩大就业等方面起到了积极的作用，但是房地产业高速发展的同时也存在房价过高、带来金融泡沫的隐患。同时，不断上涨的住房价格也成为困扰社会发展的难题，住房成为社会普遍关注的焦点。2010 年以来，中国加大了对房地产市场的调控措施，在遏制房价过快增长方面取得了初步成效。从宏观上讲，中国政府对于房地产政策将继续巩固已有的调控成果，抑制投机性需求仍将是房地产调控的中心任务。2013 年政府出台“国五条”政策措施，以期遏制房价上涨过快的趋势。

中国经济的对外开放

随着改革开放的深入与经济全球化的推进，中国经济逐步融入世界经济。全方位、多层次、宽领域的对外开放格局逐步形成，中国逐步走上开发两个市场、利用两种资源、积极参与国际经济活动的道路。尤其是中国加入 WTO 之后，更是成为世界经济大家庭中不可缺少的重要成员。中国对外经济活动不管从规模还是范围来看都有长足发展，虽然在上世纪 80 年代曾出现过逆差，但随着对外开放的不断深入，中国廉价劳动力的比较优势不断凸显，贸易顺差不断扩大。1999 年中国出口位居世界第 9 位，到 2009 年已经超过德国位居世界第一。中国进出口结构也有所优化，中国在改革开放之初，出口的多为初级产品，附加值不高，而随着世界产业转移与中国积极参与国际分工的努力，近十多年来中国工业制成品出口较大幅度增加，逐渐在机电产品及高科技领域掌握了一部分国际领先的技术，中国逐渐成为“世界工厂”。21 世纪以来，企业“走出去”逐步成为中国新时期融入世界经济的重要步骤，为抢占国际竞争的制高点作出了突出的贡献。

2012 年 5 月 23 日，第 15 届中国北京国际科技产业博览会，人们在观摩安川首钢机器人有限公司的 Motoman 机器人系列。

但是，随着国际经济发展变化，特别是 2008 年国际金融危机以来，中国依靠出口拉动经济增长的因素受到了挑战；同时，中国对外经济活动中长期存在的“双顺差”也给人民币升值带来巨大的压力。自 2005 年 7 月汇率改革之后，2010 年 6 月中国重启汇改，人民币进一步升值，给中国国民经济发展带来重要影响。2013 年，由于发达经济体量化宽松政策仍在延续，人民币仍有进一步升值的空间。

中国的对外开放政策和加入国际经济组织

经济全球化和区域化是世界经济发展的大趋势，任何国家若要经济发展，都不能离开这个趋势。中国作为一个发展中的大国，也必然会顺应这个历史趋势，不断融入到世界经济发展中。中国的发展离不开世界，世界的发展也离不开中国。

中国成为世界大家庭中不可缺少的重要一员的梦想，早在孙中山推翻帝制、建立民国的时候就开始了。1949 年中华人民共和国的建立，实现了中国的国家独立并赢得了世界人民的尊重。但是由于冷战的关系，中华人民共和国长期不为以美国为首的西方资本主义世界所承认。20 世纪 70 年代以后，随着世界政治格局的变化，中国恢复了在联合国的合法席位，并相继与主要西方国家建立了外交关系。1971 年，中国恢复联合国的合法席。但由于长期以来受国际环境制约和苏联社会主义经济理论的影响，中国一直把对外贸易看作是社会主义扩大再生产的补充手段，将其局限于互通有无、调剂余缺，从而影响了充分利用国际分工和交换，即充分利用国外资源和国外市场来加快国内经济发展。1953 年至 1978 年，中国出口额占世界出口总额的比重由 1.23% 下降至 0.75%，在世界上所占位次由第 17 位后移至第 32 位。

1978 年中共十一届三中全会以后，中共中央通过总结中外经验教训和科学分析国内外形势，开始把对外开放作为基本国策。1979 年 7 月中国决定在深圳、珠海、汕头和厦门试办特区，1980 年 5 月正式将“特区”定名为“经济特区”，把充分利用国际市场、充分利用外国资源作为中国发展的基本方针。1981 年 11 月，五届人大四次会议的政

2014 年 1 月，中国（上海）自由贸易试验区。中华人民共和国国务院 2013 年 8 月正式批准设立中国（上海）自由贸易试验区。这是中国大陆境内第一个自由贸易区。

府工作报告首次提出要充分利用两种资源和两个市场来加快中国发展。此后，理论界围绕“比较成本”和“国际分工”理论展开了热烈讨论。1984 年，邓小平又指出：“三十年的经验教训告诉我们，关起门来搞建设是不行的，发展不起来。”5 月，中共中央、国务院批准进一步开放天津、上海、大连等 14 个沿海港口城市。1985 年 2 月，中共中央、国务院决定，在长江三角洲、珠江三角洲和闽南厦漳泉三角地区开辟沿海经济开放区。1988 年 3 月 18 日，国务院召开沿海地区对外开放工作会议，部署实施沿海地区“两头在外”的外向型经济发展战略，并决定新划入沿海开放区 140 个市、县。1992 年 1 月 18 日—2 月 21 日邓小平视察南方并发表重要谈话，科学总结了十一届三中全会以来党的基本实践和基本经验，明确回答了多年来困扰和束缚人们思想的许多重大认识问题。他提出，不坚持社会主义，不改革开放，不发展经济，不改善人民生活，只能是死路一条。随后 中共中央政治局会议通过《中共中央关于加快改革，扩大开放，力争经济更好更快地上一个新台阶的意见》。1993 年 11 月，中共十四届三中全会通过《中共中央关于建立社会主义市场经济体制若干问题的决定》，提出加快对外开放步伐，充分利用国际国内两个市场、两种资源，积极推进以质取胜和市场多元化战略。1994 年 1 月 11 日 国务院作出《关于进一步深化对外贸易体制改革的决定》。1997 年 9 月，中国共产党第十五次全国代表大会在北京举行。大会对现代化建设事业跨世纪发展作出战略部署。江泽民在报告中提出，对外开放是一项长期的基本国策，我们要以更加积极的姿态走向世界，完善全方位、多层次、宽领域的对外开放格局。1998 年 12 月，江泽民在纪念十一届三中全会召开 20 周年大会上总结："历史的事实已充分说明，中国的发展离不开世界，关起门来搞建设是不能成功的。实行对外开放，是符合当今时代特征和世界经济技术发展规律要求的、加快我国现代化建设的必然选择，是我们必须长期坚持的一项基本国策。"

同时，中国政府审时度势，认为和平和发展是世界的主流，中国应该抓住世界经济发展的机会，积极引进技术和外资，发展自己的经济，回归到世界大家庭中，与世界大家庭中的每一个成员发展贸易。早在 1980 年 4 月 17 日，国际货币基金组织正式恢复中国的代表权。中国是世界银行的创始国之一，1980 年 5 月 15 日，中国在世界银行和所属国际开发协会及国际金融公司的合法席位得到恢复。1982 年 9 月，中国提出获得关贸总协定观察员资格的申请，并在当年 11 月获得批转；1986 年 7 月，中国提出恢复关贸总协定缔约国地位的申请。经过 15 年"复关"和"入世"谈判，中国于 2001 年终于如愿以偿，成为世界贸易组织大家庭中的一员。

在积极参与经济全球化的同时，中国也积极参与区域经济组织，在地区经济发展中发挥作用。1991 年 11 月，中国以主权国家身份，中

2011 年 3 月 1 日，中国工商界纪念加入世界贸易组织十周年会议在京召开。

华台北和香港（1997 年 7 月 1 日起改为“中国香港”）以地区经济体名义正式加入亚太经合组织，该组织作为亚太地区重要的经济合作论坛，其宗旨即“为该地区人民的共同利益保持经济的增长与发展；促进成员间经济的相互依存；加强开放的多边贸易体制；减少区域贸易和投资壁垒”。从中国加入亚太经合组织起，亚太经合组织便成为中国与亚太地区其他经济体开展互利合作、开展多边外交、展示中国国家形象的重要舞台。中国通过参与亚太经合组织合作促进了自身发展，也为该地区乃至世界经济发展作出了重要贡献。2001 年 10 月 20 日，亚太经合组织第九次领导人非正式会议在中国上海成功举行。会议通过了《亚太经合组织经济领导人宣言》《上海共识》《数字亚太经合组织战略》等重要文件，有力推动了中国与亚太经合组织有关成员双边关系的发展。2004 年 11 月，中国—东盟在老挝万象签署《货物贸易协议》和《争端解决机制协议》，中国—东盟全面启动自由贸易区建设进程。

2005 年 9 月 15 日，中国国家主席胡锦涛在联合国成立 60 周年首脑会议上发表了题为《努力建设持久和平、共同繁荣的和谐世界》的重要讲话。他指出，中国的经济发展得益于全球和平与稳定，不会对国际社会构成威胁。中国将始终不渝地把自身的发展与人类共同进步联系在一起，既充分利用世界和平发展带来的机遇发展自己，又以自身的发展更好地维护世界和平、促进共同发展。中国的发展不会妨碍任何人，也不会威胁任何人，只会有利于世界的和平稳定、共同繁荣。

面对 2008 年以来日益严峻的全球金融危机局面，中国向世界宣示了主张，传递了信心，促进了合作。2009 年 4 月，在二十国集团领导人伦敦金融峰会上，胡锦涛主席提出了促进世界经济增长四点建议，重申中国将积极参与应对国际金融危机的国际合作，为推动恢复世界经济增长作出应有贡献："全球各国都处在世界经济这条大船上，面对国际金融危机的狂风恶浪，只有大船上所有成员都齐心协力，同舟共济，

2005 年，联合国成立 60 周年首脑会议

2013 年 4 月 6 日，海南省琼海市，在博鳌亚洲论坛 2013 年年会上，海南省人民政府举行国际旅游岛建设新闻发布会。

共克时艰，才能把世界经济这艘大船平安地驶向彼岸，才能把国际金融危机带来的不利影响减少到最低程度，尽早恢复世界经济增长。”这是胡锦涛主席代表中国发出的声音。

2013 年 4 月 8 日，习近平在海南省博鳌同出席博鳌亚洲论坛 2013 年年会的中外企业家代表座谈，习近平表示，中国开放的大门不会关上。过去十年，中国全面履行入世承诺，商业环境更加开放和规范。中国将在更大范围、更宽领域、更深层次上提高开放型经济水平。中国的大门将继续对各国投资者开放，希望外国的大门也对中国投资者进一步敞开。中国坚决反对任何形式的保护主义，愿通过协商妥善解决同有关国家的经贸分歧，积极推动建立均衡、共赢、关注发展的多边经贸体制。

中国的对外贸易

新世纪以来，经济全球化得到深入发展，中国经济也快速融入了世界经济的发展。十年来，面对复杂多变的国内外形势，中国紧紧抓住加入世界贸易组织的机遇，坚持扩大内需与稳定外需相结合，充分利用两个市场、两种资源，积极应对国际金融危机带来的冲击与挑战，继续推进对外开放，全面参与经济全球化进程，对外贸易规模迅速扩大，吸收外资水平不断提高，对外经济合作步伐明显加快，开放环境日趋优化。十年来，中国经济与世界经济的互动与依存不断增强，国际地位和国际影响力得到明显提高。

货物贸易总额迈上了新台阶

货物贸易规模迅速扩大。新世纪以来是中国货物贸易发展最快的十年。2002—2005 年，中国货物进出口总额分别比上年增长 21.8%、37.1%、35.7%和 23.2%；2006—2007 年仍保持 23% 以上的快速增长，2007 年出口总额突破 1 万亿美元，进出口总额首次迈上 2 万亿美元台阶。2008 年国际金融危机爆发后，在世界经济大幅下滑、国际市场需求严重萎缩的严峻形势下，中国对外贸易经受住了金融危机的严峻考验。2008 年进出口总额增长 17.9%，其中，进口增长 18.5%，进口总额首次突破 1 万亿美元大关。2009 年进出口总额虽然下降 13.9%，但中国依然是全球对外贸易表现最好的国家或地区之一，降幅远小于全球贸易降幅。2009 年中国出口总额跃居世界第一位，占全球出口比重由 2005 年的 7.3% 提高到 9.6%；进口总额上升至世界第二位。2010 年中国进出口总额接近 3 万亿美元，达到 29740 亿美元，增长 34.7%。其中，出口 15778 亿美元，增长 31.3%；进口 13962 亿美元，增长 38.8%；进

2014 年 5 月，繁忙的天津港北疆港区集装箱码头。

出口均比 2005 年增长 1.1 倍。2011 年中国进出口贸易再创佳绩，总额首次突破 3 万亿美元大关，达 36421 亿美元，增长 22.5%，其中，出口 18986 亿美元，增长 20.3%；进口 17435 亿美元，增长 24.9% 。

2012 年货物进出口总额 38668 亿美元，比 2002 年增长 5.2 倍。其中，出口 20489 亿美元，增长 5.29 倍；进口 18178 亿美元，增长 5.15 倍。进出口差额（出口减进口）2311 亿美元，比 2002 年增加 2007 亿美元。2002—2012 年，货物进出口贸易年均增长 20%，其中，出口年均增长 20.2 %，进口年均增长 19.9%。在全球货物贸易额仅增长 0.2% 的情况下，2012 年中国货物贸易额仍居全球第二位，占全球份额进一步提升。其中出口占全球比重为 11.2%，比上年提高 0.8 个百分点，连续四年居全球首位；进口占全球比重为 9.8%，比上年提高 0.3 个百分点，连续四年居全球第二。中国外贸发展不仅在国内经济社会发展中发挥着重要作用，也为全球贸易增长和经济复苏作出了积极贡献。

2014年4月24日，上海，中国（上海）国际技术进出口交易会(上交会)，观众与新科技“零距离”接触。

进出口贸易方式发生积极变化。新世纪以来，中国不断加大对外贸易结构调整和转型升级力度，进出口贸易方式发生积极变化。2002—2012年，一般贸易进出口年均增速达到22.4%，大大超过加工贸易16%的年均增速。2012年，一般贸易进出口达20098亿美元，比2002年增长6.57倍，占进出口总额的比重由2002年的42.7%提高到52%；加工贸易进出口为13440亿美元，比2002年增长3.4倍，占进出口总额的比重由2002年的48.7%下降到34.7%。

进出口商品结构进一步优化。中国出口商品结构在20世纪80年代实现了由初级产品为主向工业制成品为主的转变，到90年代实现了由轻纺产品为主向机电产品为主的转变。新世纪以来，以电子和信息技术为代表的高新技术产品出口比重不断扩大。2012年机电产品出口占出口总额的比重由2002年的46.6%提高到57.6%；高新技术产品出口占出口总额的比重由 2002 年的 20.8% 提高到 29.3%；“两高一资”产品出口继续下降，其中煤和成品油出口量分别下降 36.8% 和 5.5%。高耗能和高排放产品出口得到有效控制，汽车、船舶、飞机、铁路装备、通讯产品等大型机电产品和成套设备出口均有新的突破。从进口方面看，先进技术、设备、关键零部件进口持续增长，大宗资源能源产品进口规模不断扩大。2012 年，机电产品、高新技术产品进口分别达到 7824 亿美元和 5068 亿美元，分别占进口总额的 43％和 27.9％，比 2002 年分别提高 4 倍和 5.12 倍。

形成了全方位和多元化进出口市场格局。改革开放后，中国全方位发展对外贸易，与世界上绝大多数国家和地区建立了贸易关系。贸易伙伴已经由 1978 年的几十个国家和地区发展到目前的 231 个国家和地区。欧盟、美国、东盟、日本、金砖国家等成为中国主要贸易伙

图 4-1　2002-2012 年中国货物贸易进出口情况

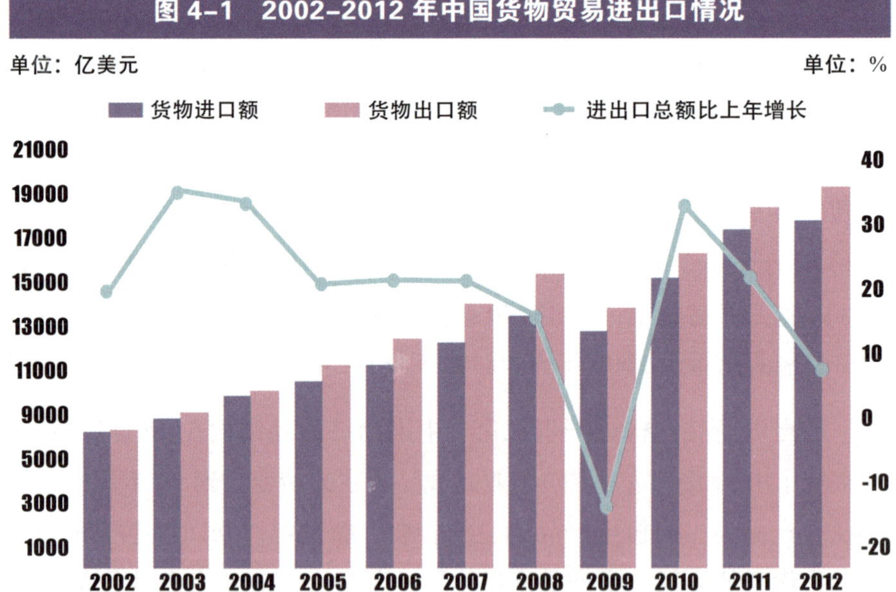

数据来源：《中国统计年鉴：2012》和《中华人民共和国 2012 年国民经济和社会发展统计公报》

伴。新世纪以来，中国与新兴市场和发展中国家的贸易持续较快增长。2003—2012年，中国与东盟货物贸易额占中国货物贸易总额的比重由8.8%提高到10.0%，与其他4个金砖国家货物贸易所占比重由3.9%提高到7.8%，与拉丁美洲和非洲货物贸易所占比重分别由2.9%和2.0%提高到6.6%和4.6%。

民营企业表现活跃，外商投资企业所占比重回落，国有企业进出口下降。2012年，民营企业进出口12210.6亿美元，增长19.6%，高出外贸总体增速13.4个百分点，占进出口总额的31.6%。外商投资企业进出口18940亿美元，增长1.8%，占进出口总额的49%，较上年回落2.1个百分点。国有企业进出口7517.1亿美元，下降1.2%，占进出口总额的19.4%。

从2012年货物出口的主要地区和国家来看，美国，中国香港，东盟、日本是出口的主要对象，2012年货物出口额占全年比分别为9.05%、8.32%、5.26%和3.9%。而从进口的角度来看，欧盟、东盟、日本、韩国成为中国大陆主要的货物进口对象国，2012年货物进口额占全年比分别为11.67%、10.772%、9.78%和9.27%。从国内区域看，中西部地区进出口增长明显快于东部。中西部地区进出口增长20.8%，占进出口总额的比重为12.7%，较上年提高1.5个百分点。其中出口增长29.5%，重庆、安徽、河南和四川出口增速分别高达94.5%、56.6%、54.3%和32.5%。东部地区进出口增长4.3%，其中广东、江苏、北京、浙江、山东分别增长7.7%、1.6%、4.7%、0.9%和4.1%，上海下降0.2%。

服务贸易得到迅猛发展

新世纪以来，中国服务贸易保持稳健发展，贸易规模增长迅速，贸易结构逐步优化，国际地位不断上升，已开始跻身服务贸易大国行列。旅游、运输等领域的服务贸易增势平稳，建筑、通讯、保险、金融、

2014 年 5 月 31 日，在中国（北京）国际服务贸易交易会上的京东展台。

计算机和信息服务、专有权利使用费和特许费、咨询等领域的跨境服务以及承接服务外包快速增长。

贸易规模增长迅速，服务贸易大国地位显现。2002 年—2012 年的 11 年间，中国服务贸易年均增长 20%。特别是 2005 年以后的增长速度更快，2005 年和 2008 年服务贸易的增长速度超过 30%，2007 年、2009 年和 2011 年的增长率也均超过 20%。增速比同期全球服务贸易进出口总额年均增速高 10 个百分点左右。近年来，中国服务贸易的世界排名基本保持每年上升一位的发展速度，2011 年中国服务进出口总量世界排名第四位，服务出口和服务进口分别位居世界第四和第三位。2012 年中国服务进出口总额是 4705.8 亿美元，比上一年增长 12.3%，超过世界服务进出口平均增幅 10.3 个百点，占世界服务贸易进出口总额的 5.6%，占中国对外贸易总额 10.8%，同比提升 0.5 个百分点。2012 年中国服务进出口总额从上年的居世界第四位上升了一位，位于美国和德国之后居第三位，出口居世界第五位，进口居世界第三位。

贸易结构有一定改善，部分高附加值服务进出口增速迅猛。“十一五”时期以来，计算机和信息服务、金融服务、咨询等高附加值新兴服务贸易快速起步，竞争优势不断提升，这一部分的进出口总额从 2005 年的 152.7 亿美元上升到 2011 年的 646 亿美元，年均增长 27.2%，占服务进出口总额的比重从 9.7% 上升到 15.4%。运输、旅游、建筑等传统服务贸易稳步发展，规模优势继续巩固，这一部分的进出口总额从 2005 年的 991.4 亿美元上升到 2011 年的 2555.2 亿美元，年均增长 17.1%。重点领域服务出口成效显著，文化出口能力进一步增强。2003—2011 年，建筑服务出口增长 10.8 倍，顺差增长 36.9 倍；计算机和信息服务、咨询出口分别增长了 18 倍和 21.2 倍，年均分别增长 38.7% 和 41.1%；文化、广播影视、教育、中医药服务等服务出口潜力得到进一步发掘。

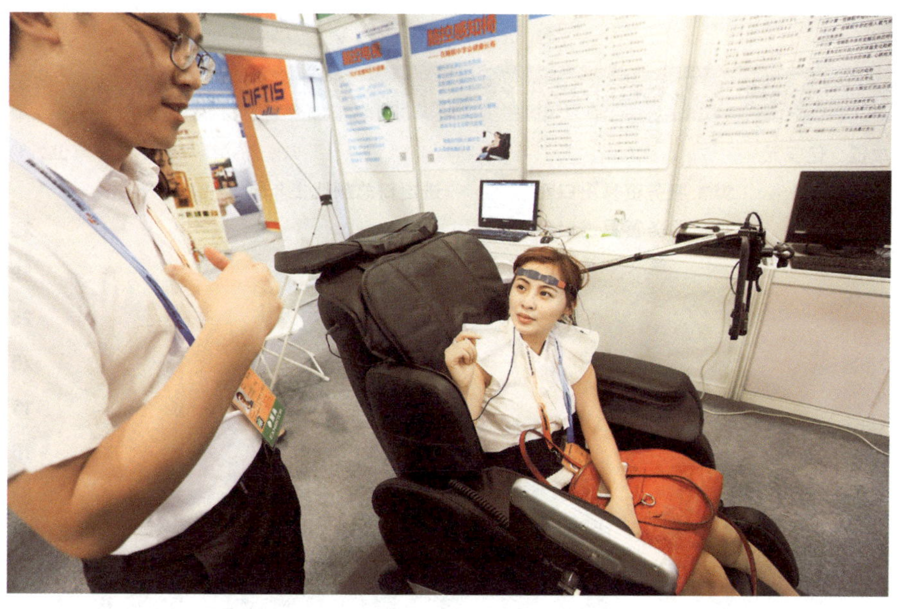

2014 年 5 月，北京，为期 5 天的第三届中国（北京）国际服务贸易交易会（京交会）在北京国家会议中心举行。

但由于中国服务贸易起点低、底子薄，仍处于发展的初级阶段，总体水平与发达国家相比差距较大。2006—2012 年间，中国服务贸易额占贸易总额（货物和服务进出口总额之和）的比重一直在 10% 左右，2012 年这一比重为 10.54%，同期世界服务贸易占贸易总额之比在 20% 左右。从中国服务贸易总额占世界服务贸易总额的比重来看，水平也较低，2012 年该比值仅为 5% 左右，同期中国货物进出口总额占世界货物进出口总额的比重则超过 20%。中国服务贸易长期处于逆差状态，特别是 2012 年的逆差额高达 895 亿美元，比上年增加了 62%。从服务贸易结构看，中国传统服务贸易比重偏大，运输、旅游、建筑等传统服务贸易仍占据中国服务贸易的主导地位。以 2011 年和 2012 年为例，上述三项服务贸易额占中国服务贸易的比重分别为 60.7% 和 62%。尽管近年来中国在计算机和信息服务、保险服务、金融服务、咨询服务等高附加值服务贸易出口方面的出口增长较快，但其占服务进出口总

图 4-2　2002-2012 年中国服务贸易进出口情况

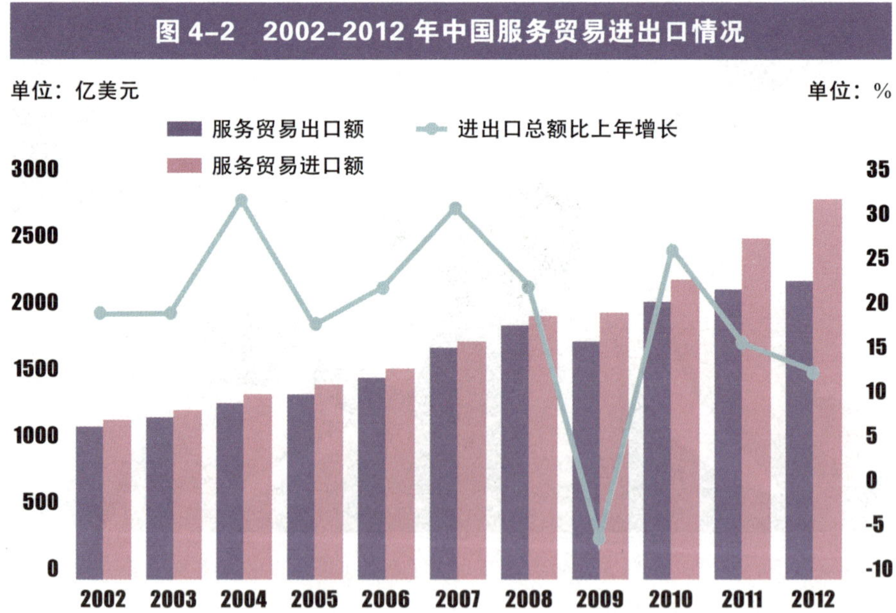

数据来源：中国人民共和国商务部网站

额中的比重仍然偏低，2011 年和 2012 年上述四项服务贸易额占中国服务贸易的比重仅为 20.7% 和 20.8%。

从贸易国别地区情况来看，2012 年中国香港、欧盟、美国、东盟和日本是中国前五大服务贸易伙伴，中国与上述国家和地区实现进出口服务总额超过了 3100 亿美元，占中国服务进出总额的 2/3。香港继续成为最大服务出口目的地、进口来源地和顺差来源地。中美双边服务贸易保持较快增长，中美服务贸易总额为 415 亿美元，比上年增长 9.2%。其中，中国对美出口 122.8 亿美元，同比增长 8.4%；自美进口 292.3 亿美元，同比增长 9.5%。中美服务贸易逆差规模继续扩大，由上一年的 153.7 亿美元增至 169.5 亿美元，同比增长 10.3%。从服务贸易的国内区域布局来看，2012 年中国服务进出口仍然集中在东部省份，其中京、沪、粤三地服务进出口总额超过其他省份；中西部地区的江西、云南、贵州、宁夏等省区的服务进出口增幅显著，都在 40% 以上；湖北、陕西、新疆、广西、内蒙、河南等省区服务进出口保持了较快增长，增速都超过了 20%。

中国对外经济的“双顺差”与人民币升值

经济全球化的浪潮日渐加强，把各国的经济卷入一个统一体。中国经济在全球化的轨道上大步前行，越来越多的企业开始走出国门，寻找新的市场机会。而凭借廉价的劳动力比较优势的“中国制造”已经遍及全球，大量外资流入中国，导致了中国对外经济的“双顺差”。而外汇储备过高、外贸依存度过大以及外贸纠纷成为中国难以回避的问题。

“双顺差”指的是国际收支经常项目、资本和金融项目都呈现顺差。其中，国际收支经常项目指货物进出口收支、服务收支、收益项目收支、经常转移收支等项目。资本和金融项目指各种形式的投资项目，如直接投资、证券投资等。

中国进入 WTO 后，比较优势凸现，经常项目保持较大的顺差。2009 年虽然在金融危机的冲击下，出口有所下降，但是 2010 年再创新高，达 19468 亿美元。出口与进口差额达 3054 亿美元。从差额的角度来看，2010 年比 2009 年有所上升，但是仍然没有恢复到 2008 年水平。经常项目中，货物和服务差额占了很大比重。2011 年中国继续出现双顺差，但是差额的幅度都有缩小。2012 年中国进出口差额 2311 亿美元，比上年增加 762 亿美元。其中，2012 年中美双边贸易总值为 4846.8 亿美元，增长 8.5%。对美贸易顺差 2189.2 亿美元，扩大 8.2%。对欧贸易顺差 1219.4 亿美元，收窄 15.8%。2013 年上半年中国贸易顺差 6770 亿元人民币（折合 1079.5 亿美元）。

虽然中国经常项目长期顺差，但是中国的服务业却处于逆差。自 1995 年以来，中国服务贸易一直保持逆差，而且逆差规模有不断扩大的趋势。2011 年，中国服务贸易进出口总值为 4191 亿美元，其中进口 2370 亿美元，出口 1821 亿美元，逆差 549 亿美元，逆差占出口比重 30% 多。2012 年中国服务贸易出口额为 1910 亿美元，比上年同期增长 4.5%；进口达到 2805 亿美元，增长 17.8%。贸易逆差额高达 896 亿美元，比上年增长 62.3%，创历史新高。运输业和旅游业占中国服务业中的较大部分，但在 2011 年两者都保持较大逆差。

从产业结构的角度来看，支持中中国长期顺差的主要是以工业制成品为代表的第二产业，而第一产业中的初级产品与第三产业中的服务业都处于逆差状态。这说明了中国第二产业的国际竞争能力，而另一方面也说明了中国第三产业的发展还需加强。

外汇储备是指一国政府所持有的国际储备资产中的外汇部分，即一国政府保有的以外币表示的债权。狭义而言，是指一个国家的外汇积累；广义而言，是指以外汇计价的资产，包括现钞、黄金、国外有价证券等。由于中国长期双顺差，外汇储备不断攀升。外汇储备是一

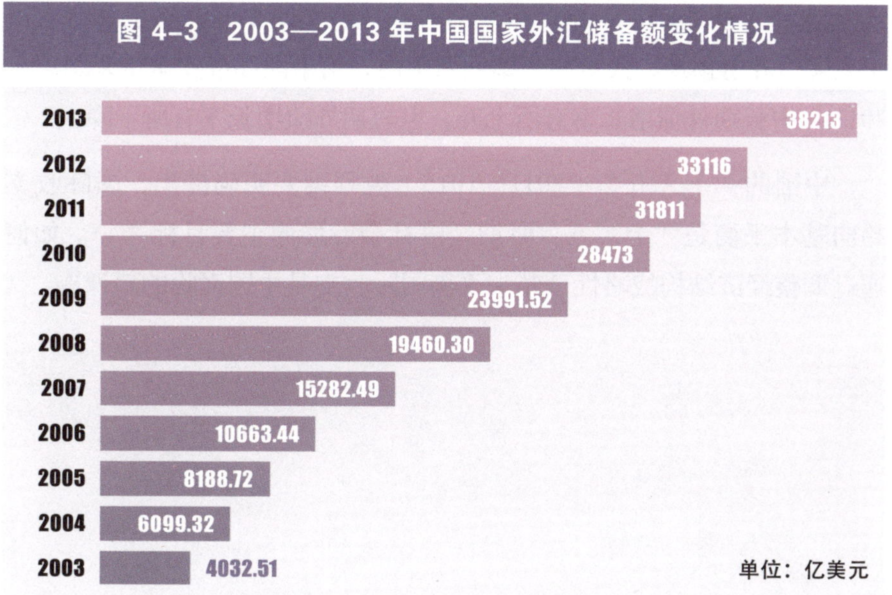

图 4-3　2003—2013 年中国国家外汇储备额变化情况

数据来源：中国人民共和国商务部网站

把双刃剑，一方面它可以用于进口国内所需的物资并用于偿还政府和私人部门所借的外债。而且外汇储备还具有调节外汇市场、稳定金融秩序、增强国家信誉等功能。

另一方面，过高的外汇储备是中国经济内部结构失衡的表现，外汇储备增长过快、规模过大有可能加剧国内物价上涨的压力。外汇储备还存在保值风险，外汇储备规模越大，相应的风险也就越大。2011 年、2012 年在双顺差的影响下，中国外汇储备继续保持较高水平，但 2012 年外汇储备的增幅与 2011 年相比有所下降。

而从外债情况来看，从上世纪 90 年代初到 2008 年不管是外债流入还是流出都有较大增长，而 2009 年两者出现下降，但流入与流出的缺口增大。在外债结构中，短期外债所占比重不断提高，一度超过占外债总余额的比重的危险临界点 60%。而短期外债激增意味着跨境资本流动规模增大，速度加快 ，由此带来的潜在风险不断上升。这也意味着由于人民币升值预期，大量的热钱涌入国内，给中国经济安全带来隐患。2011 年中长期外债增长率有所上升，但短期外债增长率有所下降。

中国的“十二五”（2011—1015）规划纲要明确提出，国际收支趋向基本平衡是“十二五”时期经济社会发展的主要目标之一。如何通过调整经济结构战略性调整来平衡国际收支是中国面临的新课题。

中国的吸引外资和对外投资

新世纪以来，中国吸收利用外资已从弥补“双缺口”为主转向优化资本配置、促进技术进步和推动市场经济体制的完善，从规模速度型向质量效益型转变，利用外资实现新发展，规模和质量得以全面提升。中国连续多年成为吸收外商直接投资最多的发展中国家，全球排名也上升至第二位。同时中国对外投资从无到有，“走出去”步伐不断加快。

利用外资登上新台阶

利用外资规模跃居全球第二位。2002—2012 年，中国非金融领域实际使用外商直接投资累计达到 8808 亿美元，年均增长 7.8%。2007 年外商直接投资突破 700 亿美元，2008 年直接跨上 900 亿美元台阶。

2006 年 11 月，南京经济贸易洽谈会上中国欧盟商会与国内企业代表洽谈项目引进。

即使是在国际金融危机冲击较为严重的 2009 年，外商直接投资仍然超过 900 亿美元，降幅远低于全球平均水平。2010 年，外商直接投资突破 1000 亿美元，达到 1057 亿美元。2012 年实际使用外商直接投资达 1117 亿美元，中国吸引外国直接投资仍稳居全球第二，并连续 21 年位居发展中国家首位。

利用外资产业结构变化。新世纪以来，外商投资产业构成显著改善，第三产业投资比例大幅提高。2003—2011 年，第三产业外商投资金额所占比重逐步提高，2011 年为 50.2%，比 2002 年提高 26.9 个百分点；第二产业所占比重则逐步下降，2011 年为 48.1%，比 2002 年下降 26.7 个百分点；特别是第一、三产业吸收外资投向现代农业、商贸服务和民生服务领域的外资明显增多。第二产业中，电子信息、集成电路、家用电器、汽车制造等技术资金密集型产业继续发展，新能源、新材料、生物医药、节能环保等行业的外资日益形成规模。相关产业的核心竞争力也有了明显提升。目前，跨国公司在华设立的研发中心已超

图 4-4　2002-2012 年中国使用外商直接投资及其增长速度

数据来源：《中国统计年鉴：2012》和《中华人民共和国 2012 年国民经济和社会发展统计公报》。

过 1400 家，比 2002 年增长一倍以上。外资研发中心中，从事先导技术研究型的占 50％以上，已超过从事市场调研型的比重；60% 以上的研发中心将全球市场作为其主要服务目标。2012 年服务业实际使用外资继续超过制造业。服务业实际使用外资 538.4 亿美元，同比下降 2.6%，占全国总量的 48.2%，超过制造业 4.5 个百分点。农林牧渔业实际使用外资 20.6 亿美元，同比增长 2.7%，占全国总量的 1.9%。制造业实际使用外资 488.7 亿美元，同比下降 6.2%，占全国总量的 43.7%。

利用外资方式多样化。新世纪以来，中国利用外资方式呈现多样化。利用外资的方式除了一、二、三产业的实体经济之外，又稳步实施了合格境外机构投资者（QFII）制度，允许符合条件的境外机构投资者投资境内证券市场，促进境内证券市场开放。截至 2010 年底，共批准 97 家 QFII 机构，投资额度近 200 亿美元。同时允许外资以并购方式参与国内企业改组改造和兼并重组，2006 年中国颁布了《关于外国投资者并购境内企业的规定》，外资并购政策和环境进一步改善。

“走出去”战略迈出新步伐

新世纪以来，中国深入实施“走出去”战略，对外投资合作取得新发展，“走出去”的规模迅速扩大，“走出去”的层次、水平与效益进一步提高。2010 年中国海外总投资额首次超过日本和英国，位居世界第五位。截止到 2012 年末，中国累计非金融类对外直接投资已达到 3961 亿美元。2012 年，中国非金融类对外直接投资达 772 亿美元，比 2003 年增长 26 倍，年均增长 44%。

对外投资的领域不断拓宽，对外投资的层次和水平不断提升，呈现出市场多元化发展态势。2011 年，中国对外投资已覆盖 129 个国家和地区的 3000 多家企业，主要集中在亚洲和拉丁美洲地区的发展中国家。2011 年，亚洲占中国非金融类对外直接投资额的 65% 左右，拉美占 19% 左右，欧美、非洲和南太平洋市场的开拓也取得积极成效。

图 4-5　2003-2012 年中国非金融类对外直接投资情况

数据来源：《中国统计年鉴：2012》和《中华人民共和国 2012 年国民经济和社会发展统计公报》。

与此同时，对外经济合作驶入良性发展的快车道，已形成一支门类比较齐全、具有较强国际竞争力的队伍，业务范围向技术性较强的领域不断扩展，经济效益和社会效益明显提高。对外承包工程是国际经济技术合作的重要组成部分，也是目前相对成熟的一种“走出去”参与国际竞争的方式。它对拉动经济增长、缓解能源紧缺、促进国内产业结构调整和升级、扩大出口等方面均发挥着重要作用。2011 年中国对外承包工程新签合同额上海、山东、广东位居前列。2012 年，对外承包工程业务完成营业额 1166 亿美元，比 2002 年增长 7 倍，年均增长 23.2%。此外，仅“十一五”时期累计派出各类劳务人员达 192 万人，是“十一五”规划目标的 1.5 倍。

中国企业走出去。全球化的浪潮席卷世界各国，推动了商品、资金、技术和劳务跨国流动，促进了资源的合理配置，增加了中国工业化发展的压力，也让不同制度、不同发展阶段，不同文化背景的国家在一个相对统一的框架内进行竞争。在中国工业化尚未完成，大国经

2014 年 4 月 3 日，英国伦敦，中国三胞集团董事长袁亚非与福来莎百货董事长唐•麦卡锡签署协议，确定收购其 89% 的股份，成为这家有 165 年历史的连锁百货公司的新主人。这是中国民营企业首次在英国收购零售业品牌。

济竞争激烈的背景下，如何能够在全球化过程中，充分利用两种资源、两个市场，在激烈的国家竞争中立于不败之地，国有企业的发展具有重要地位。中国 1978 年开始的改革开放在前 20 多年更多是依靠“引进来”，让大量的外资流入国内，推动了经济高速发展。21 世纪以来，随着中国进入中等收入国家行列，推动经济可持续发展，依旧任重道远。按照世界发展规律，一国经济要屹立于世界强国之林，“走出去”是必由之路。早在 20 世纪 50 年代，欧美国家就曾提出企业国际化经营的战略，20 世纪 60 年代的日本、70 年代的亚洲四小龙也都纷纷提出了国家化战略。当中国 90 年代末告别短缺经济，21 世纪初加入 WTO 之后，面对中国融入世界的步伐加快，如何推动企业“走出去”、在国际舞台上占据新的制高点，成为中国面临的新任务。

自 2002 年以来，中国非金融类对外直接投资进入持续快速增长期，并呈现出不断加速趋势，近十年年均复合增长率达到 38.5%，年同比增长率平均达到 43.1%。在国际金融危机发生的 2008 年，该类投资比

2007年增长了一倍多，达到559.1亿美元。2011年中国境内投资者共对全球132个国家和地区的3391家境外企业进行了非金融类对外直接投资，累计实现直接投资600.7亿美元，同比增长1.8%。2012年，中国境内投资者共对全球141个国家和地区4425家境外企业进行了非金融类直接投资，累计实现直接投资772.2亿美元，同比增长28.6%。

多双边经贸合作取得新成就

新世纪以来，中国积极拓展双边经贸关系，加快实施自由贸易区战略，不断深化多边经贸合作。目前已累计建立了160多个双边经贸合作机制，签订了150多个双边投资协定，与美、欧、日、英、俄等均建立了经济高层对话。与五大洲的28个国家和地区建设了15个自贸区，已签署10个自贸协定。在推动多哈回合谈判和贸易自由化的进程中发挥了建设性作用。与APEC、10+1、10+3、中非合作论坛等区域经济合作机制的合作日益深化。中国坚持“与邻为善、以邻为伴”

2013年4月，中国董氏集团在尼日利亚投资建设的冷轧钢厂。

方针，与周边国家和地区建立和发展了多种形式的边境经济贸易合作。

自贸区建设对中国应对国际金融危机、实现对外贸易平稳较快增长发挥了积极作用。2010 年，中国与 10 个自贸伙伴（包括东盟、巴基斯坦、智利、新加坡、新西兰、秘鲁、哥斯达黎加、香港和澳门地区、台湾地区）的双边贸易额达到了 7826 亿美元，占同期中国进出口总额的 26.3%。其中，中国与东盟、智利、秘鲁和新西兰的双边贸易额增速分别高出同期进出口总额增速 2.8、10.1、13.7 和 8.3 个百分点。

展望未来，中国推进对外开放的任务仍十分艰巨。中国要深入贯彻落实科学发展观，适应对外开放由出口和吸收外资为主转向进口和出口、吸收外资和对外投资并重的新形势，实行更加积极主动的开放战略，不断拓展新的开放领域和空间，扩大和深化同各方利益的汇合点，完善更加适应发展开放型经济要求的体制机制，有效防范风险，以开放促发展、促改革、促创新；努力发挥自身优势，加强全方位国际合作，在更大范围、更广领域、更高层次融入世界经济；应对世界经济和贸易发展面临的各种挑战，推动对外开放平衡、协调和可持续发展。

SRT

居民就业、城市化和社会保障

近年来中国人口总量低速平稳增长，人口生育持续稳定在底水平，低增长与老龄化成为中国人口变化值得关注的两大趋势。在政府一系列积极就业政策的推动下，中国的就业形势在近两年出现了明显的好转，就业压力逐步得到缓解，就业总量稳步增加，就业结构进一步优化，城镇失业得到了有效控制，就业局势整体上保持基本稳定。

随着中国经济的快速发展，居民可支配收入总额有了极大幅度的提高，但不同地区、不同行业之间的收入分配差距依然值得关注。随着最低工资标准的调整、个税改革方案的出台等一系列举措的推出，政府已经将收入分配制度的改革与收入分配关系的合理调整提上议事日程。社会保障体系覆盖范围的不断扩大。2012 年城镇化率达到 52.57%，城市化进程的不断加快对政府在发展公用事业、提供社会服务方面的能力提出了新的要求。

人口与就业：平稳增长与结构变化

人口：低增长与老龄化

中国是世界上人口最多的国家之一，占世界人口的比例长期保持在 20% 左右。从上世纪 70 年代末开始，中国将人口问题放在国民经济和社会发展的全局中谋划，在城乡全面推行计划生育工作，人口数量得到效控制，实现了人口再生产类型从高出生、低死亡、高增长向低出生、低死亡、低增长的历史性转变。中国总和生育率从 1970 年的 5.8 下降到 1995 年的 1.8 左右，自然增长率从 25.83‰ 下降到 10.55‰；2005 年，人口自然增长率下降到 5.89‰，总人口控制在 13.1 亿。2012

中国现有老龄人口已超过1.6亿，且每年以近800万的速度增加，养老问题日趋严峻。

年末，中国人口出生率为 12.1‰，自然增长率为 4.95‰，全国总人口为 13.54 亿。中国人口占世界人口的比重由 2002 年的 20.3% 降至 2012 年的 19.12%，为世界人口的健康发展作出了积极贡献。当前中国人口发展形势总体是好的，但同时也正面临着更为复杂的人口发展态势，呈现出明显的阶段性特征，也出现了一些新情况、新问题。

人口自然增长率不断下降。1978 年中国的人口自然增长率为 12‰，20 世纪 80 年代中后期是改革开放以来的 30 余年中人口自然增长较快的一个时期，其中 1987 年达到了 16.61‰，但此后人口自然增长率一直呈下降趋势，2009 年开始低于 5‰。2000—2010 年间，人口总量的年均增长率仅为 5.7‰，比以往显著下降。中国的人口自然增长率明显低于其他发展中国家。2012 年该指标仍不足 5‰。

分地区看，东、中、西部仍然保持“东多西少”的人口格局。2011 年末，东部人口为 55445 万人，占各省（自治区、直辖市）人口

中国人口总量庞大，但已多年低速增长，有的地区甚至出现人口负增长。

合计的 41.4%；中部人口为 42374 万人，占 31.6%，西部人口为 36222 万人，占 27%，西部地区人口增长略快于中部地区。

老龄化进程加速。20 世纪 50 年代第一次生育高峰出生人口相继进入老年，“十二五”（2011—2015）期间中国 60 岁以上老年人口年均增长 800 万以上，总量将突破 2 亿。中国的 0—14 岁人口一直呈现出不断下降的趋势，而 65 岁以上人口比重则明显增加。2011 年中国 65 岁以上人口比重已经达到 9.1%，比 2000 年的 7.0% 又高出 2 个百分点，2010 年中国的人口老少比高达 53.43%。从全国总人口的年龄结构来看，2002—2011 年，15—64 岁人口总量逐年增加，平均增长速度为 1.17%。2011 年全国 15—64 岁人口首次超过十亿，达到 100283 万人，占总人口的 74.4%，比 2002 年增加了 9981 万人，比重增加了 4.1 个百分点。2012 年末中国 15—59 岁（含不满 60 周岁）劳动年龄人口 93727 万人，比上年末减少 345 万人，占总人口的 69.2%，比上年末下降 0.60 个百分点；60 周岁及以上人口 19390 万人，占总人口的 14.3%，比上年末提高 0.59 个百分点。第五次全国人口普查显示，2000 年中国 65 岁及

图 5-1　2000 年以来中国人口总量及人口增长速度的变化

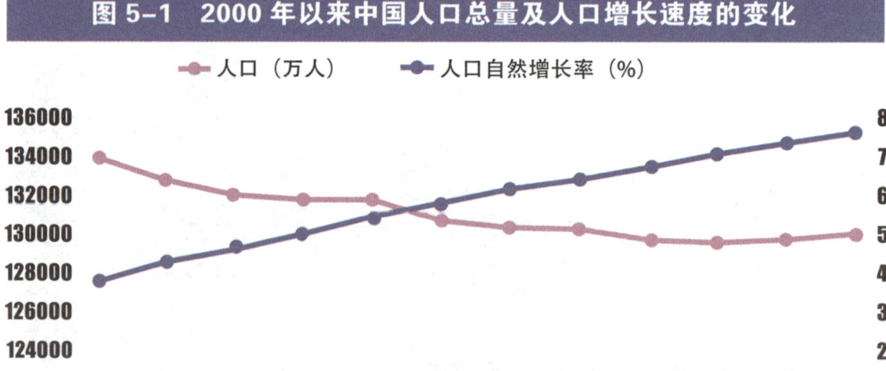

数据来源：《中国统计年鉴：2012》和《中华人民共和国 2012 年国民经济和社会发展统计公报》。

以上人口已有8821万，占总人口比例达到7%。按照国际标准，中国2000年就已进入老龄化社会。2012年65岁及以上人口12714万人，占总人口的9.4%，比上年末提高0.27个百分点。

城镇人口历史性超过农村人口。城镇化率超过50%，城乡人口格局正在发生根本性变化。随着产业转移的加快、中西部城市群的发展，人口流动迁移呈现出新的特点，人口流向趋于多元化。2012年城镇人口比重达到52.57%，流动人口（人户分离人口中不包括市辖区内人户分离的人口）为2.36亿。

“十二五”时期是中国人口发展的重大转折期，人口发展的机遇与挑战并存。一方面，经济社会发展仍然面临着人口总量持续增加的压力，人口对经济社会、资源环境的影响更加突出；另一方面，人口各要素关系更趋复杂，素质、结构、分布正在成为影响发展的主要因素。

就业：平稳增长与结构变化

就业是民生之本。为一切有劳动能力的人提供就业机会，是经济发展和社会进步的重要前提，也是各国政府的重要职责和使命。中国是一个人口和劳动力大国，就业任务艰巨。中国政府高度重视解决就业问题，新中国成立以来，积极探索适合中国国情的就业制度，完善促进就业的长效机制。特别是2002年以来，立足于解决下岗失业人员再就业问题，着眼于建立市场导向的就业机制，中国政府把扩大就业放在经济社会发展的优先位置，在广泛借鉴国际经验的基础上，制定实施了中国特色的积极就业政策，通过开发就业岗位、增加资金投入、给予税费减免、实施小额贷款、提供社会保险补贴等措施，帮助下岗失业人员等就业困难群众实现就业再就业。从2003年起，中国政府把城镇新增就业人数和控制失业率列入宏观调控的重要目标，层层落实目标责任制，建立了国务院就业工作部际联席会议，完善了统一领导、分工协作的工作机制。2005年，针对新时期就业再就业工作的形势和

北京企业的一次人力资源招聘会吸引众多求职者前来。

特点，对积极的就业政策进行了延续、扩展、调整和充实，配套出台了信贷、税费、财政、社会保障以及劳动力市场管理服务等一系列专项政策措施，形成了一整套就业再就业政策体系。2007 年 8 月，中国颁布《就业促进法》，并于 2008 年 1 月 1 日实施，标志着中国就业工作由政策扶持步入法制化、制度化轨道。在“十一五”期间中国继续实施积极的就业政策，克服了国际金融危机对中国就业形势的不利影响，保持了就业总量的稳步增加和就业结构的进一步优化，失业率也得到了有效控制，全国就业形势整体上保持平稳。经过努力，中国就业规模不断扩大，就业结构不断优化，困难群众就业得到有效帮扶，公共就业服务日益健全，职业培训取得较大进展，保持了就业局势的基本稳定。

就业规模不断扩大，平稳增长

2012 年末，中国全国就业人数达到 76704 万人，比 2002 年增加 3424 万人，年均增加 342 万人。其中，城镇就业人数从 25159 万人增

图 5-2　2002-2012 年中国城镇登记失业人数及失业率

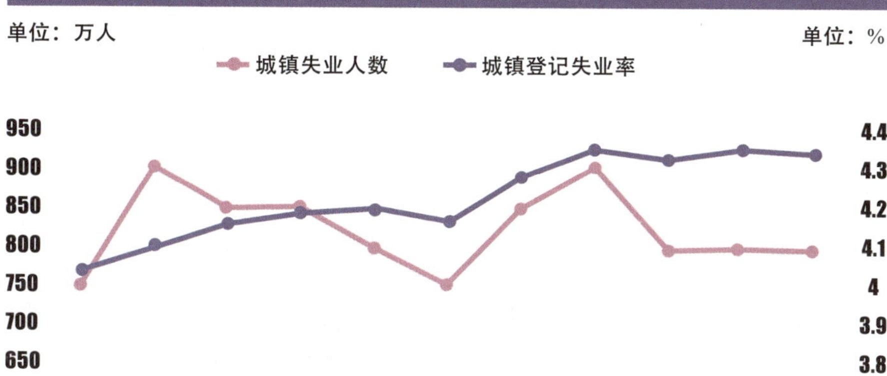

数据来源：《中国统计年鉴：2012》和《中华人民共和国 2012 年国民经济和社会发展统计公报》。

加到 37102 万人，增加 11943 万人，年均增长 3.9%；乡村就业人数从 48121 万人减少到 39602 万人，减少了 8519 万人。随着工业化和城市化进程的不断推进，城镇吸纳就业的能力不断增强。农民工数量不断扩大，2012 年全国农民工总量达到 26261 万人，比上年增长 3.9%。其中，外出农民工 16336 万人，增长 3.0%；本地农民工 9925 万人，增长 5.4%。

就业结构优化步伐明显加快

随着就业人员总量进入稳定增长期，城镇就业比重迅速上升。随着城市化和工业化进程的不断推进，城镇吸纳就业的能力持续增强，有力地促进了乡村富余劳动力向城镇地区的转移。中国城镇就业人员保持快速增长，城镇就业人员占全国就业人员总量的比重从 2002 年的 34.3% 上升到 2012 年的 48.3%，2012 年末城镇登记失业人数为 917 万人，城镇登记失业率为 4.1%。

随着非农产业的迅速发展，中国二、三产业就业比重持续提高。中国第一产业就业人员从 2002 年的 36640 万人减少到 2012 年的 25772

图 5-3 中国就业结构变化

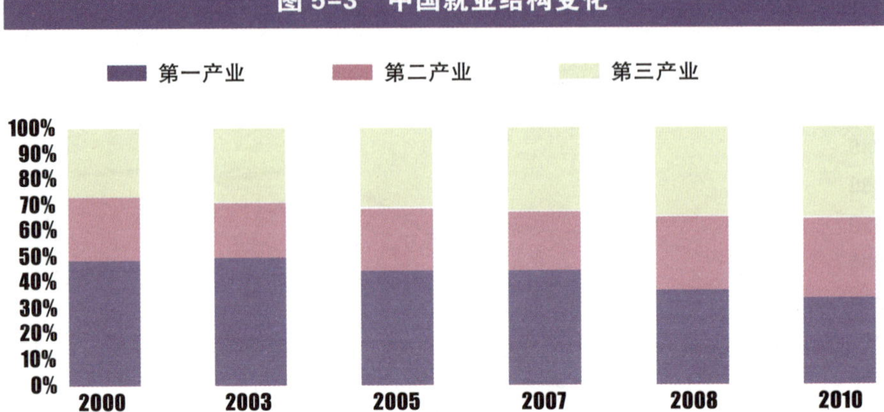

数据来源：《中国统计年鉴：2012》和《中华人民共和国2012年国民经济和社会发展统计公报》。

万人，减少10867万人；第二产业就业人员从2002年的15682万人增加到2012年的23241万人，增加7559万人；第三产业就业人员从2002年的20958万人增加到2012年的27690万人，增加6732万人。中国三次产业就业人员的比重由2002年的50∶21.4∶28.6转变为2012年的33.6∶30.3∶36.1。第一产业下降约16.4个百分点，第二产业上升0.9个百分点，第三产业上升7.5个百分点。

非公有制经济就业人员大幅增加。随着国家鼓励非公经济发展、多渠道开发就业岗位政策的实施，非公经济在吸纳就业方面的作用进一步增强。2011年末，有限责任公司、股份有限公司以及外商和港澳台商投资企业等其他经济类型单位就业人员6536万人，比2002年增加4359万人，年均增加484.3万人；城镇私营个体就业人员为12139万人，比2002年增加了7871万人，年均增加874.6万人。新世纪以来，城镇非公有制经济共吸纳就业12230万人，年均增加超过1300万人。非公有制经济的发展，不仅为中国经济的快速发展作出了重大贡献，也成为缓解城镇就业压力、吸纳农村富余劳动力的重要途径。

中国公共就业服务体系基本形成

中国初步构建了覆盖中央、省、市、区县、街道（乡镇）、社区（行政村）五级管理、六级服务的公共就业和人才服务网络，免费为劳动者提供政策咨询、就业信息发布、职业指导和职业介绍等就业服务。到 2011 年底，全国共有县区以上公共就业服务机构 1 万多个，街道、乡镇服务窗口 3.9 万多个，覆盖了 98% 的街道和 96% 的乡镇，7.8 万个社区（占全部社区的 95%）和部分行政村聘请了专职或兼职的工作人员。2002 年以来，各级公共就业和人才服务机构累计为各类求职者成功介绍工作 17868.2 万人次。各类职业培训机构 26284 所，累计组织技能、转岗、创业等各类培训 9554 万人次。截止到 2012 年底，全国县以上政府部门设立公共就业和人才服务机构等各类服务行业达 2.8 万家。各类人力资源服务机构以市场需求为导向，全年共为 1888 万家次用人单位提供各类人力资源服务，不断拓展人力资源服务领域，丰

2014 年 5 月，北京什刹海景区内的“后海八爷”三轮车队希望招到高学历的徒弟，传承老北京文化。

2014 年 6 月 8 日，在安徽省亳州职业技术学院，毕业生在招聘会上举着另类应聘牌寻找工作。

富了服务内容，提升了服务水平。

面临巨大的就业压力，中国政府实施了更加积极的就业政策，采取多种措施努力扩大就业，同时加强了对失业的调控力度，积极稳妥地应对各种就业矛盾和国际金融危机对我国就业工作带来的不利影响，保持了就业形势的基本稳定。据统计，自 2002 年以来，中国城镇登记失业率始终保持在 4.0%—4.3% 的较低水平，城镇登记失业人数维持在 1000 万人以下，为创建和谐稳定的社会环境，推动经济社会持续、稳定、健康发展发挥了重要作用。“十二五”时期，中国就业总量压力将继续加大，劳动者技能与岗位需求不相适应、劳动力供给与企业用工需求不相匹配的结构性矛盾将更加突出，就业任务更加繁重。

居民收入增长及分配格局的变化

经济发展的最终目的是实现人民福利的改善，是让所有人共享发展的成果。改革开放以来，中国的经济发展取得了巨大的成就，居民可支配收入总额有了极大幅度的提高。新世纪以来，中国城乡居民收入稳定增长。2012 年，城镇居民人均可支配收入 24565 元，比 2002 年增长 2.19 倍；农村居民人均纯收入 7917 元，比 2002 年增长 2.2 倍。城乡居民收入年均增速超过 1979—2011 年 7.4% 的年均增速，是历史上增长最快的时期之一。居民生活质量明显改善。2012 年，城乡居民家庭恩格尔系数分别为 36.2% 和 39.3%，分别比 2002 年降低了 1.5 和 6.9 个百分点。

但从长期来看，全国居民收入总量的增长是慢于经济增长的。1979—2009 年的三十年间，中国居民可支配收入年均实际增长 9.5%，

2012 年 6 月，山东滨州市邹平县九户镇农民在牧场挤奶。

这比同期的经济增长低了 0.4 个百分点，而农村居民纯收入的增长速度尤其滞后，既低于同期的经济增速，也低于同期的城镇居民收入增速。城乡收入差距、地区收入差距及行业收入差距依然严峻。中国坚持民生优先，把保障和改善民生作为一切工作的出发点和落脚点，逐步推进分配领域的各项改革，通过大力支持扩大就业，提高劳动工资最低标准，提高退休工资，不断提高对低收入群体的转移支付水平和覆盖面，三次调高个人所得税起征点等政策措施，千方百计拓宽增收渠道，提高居民收入水平。特别是把增加农民收入作为农村工作的中心任务，促进增产增收、优质增收、提价增收、务工增收、补贴增收，农民收入实现了连续多年较快增长。

城乡居民收入分配

改革开放以来，除了最初的十余年间，农村居民人均纯收入的年均增速快于城镇居民人均可支配收入年均增速外，其余时间前者多明显低于后者，这种状况在“十一五”期间稍有改变。2002 年以来，中国城乡收入比一直在“3”倍以上，2007 年城乡居民收入差距扩大到改革开放以来的最高水平 3.33：1。从 2010 年开始，农村居民收入增速连续多年超过城镇居民收入，2006—2010 年，农村居民人均纯收入年均增长率为 8.9%，和城镇居民人均可支配收入的年均增长率 9.7% 开始逐步接近。而 2010 年、2011 年、2012 年，农村居民家庭人均纯收入增速连续 3 年快于 GDP 增速和城镇居民家庭人均可支配收入的增速。农村居民收入强劲的增长势头对于缩小城乡收入差距具有积极的作用。城乡收入比从 2009 年的 3.33 倍下降到 2010 年的 3.23 倍，2011 年再次下降到 3.13 倍。2012 年中国城镇居民人均可支配收入 24565 元，农村居民纯收入 7917 元，城乡居民收入比为 3.10:1，城镇和农村居民的收入水平虽然仍保持“3”倍以上的差距，然而已经是十年来的最低值。2013 年上半年，城镇居民收入和农村居民收入的倍数比是 2.83。

2011 年 6 月，海南琼海市嘉积镇的两位村民正运送蔬菜上市出卖。

2012 年中国城镇居民人均可支配收入为 24565 元，比上年实际增长 9.6%；城镇居民人均可支配收入中位数为 21986 元，增长了 15%。城镇居民食品消费支出占消费总支出的比重为 36.2%。在城镇居民人均总收入中，工资性收入比上年名义增长 12.5%，经营净收入增长 15.3%，财产性收入增长 8.9%，转移性收入增长 11.6%。按城镇居民五等份收入分组，低收入组人均可支配收入 10354 元，中等偏下收入组人均可支配收入 16761 元，中等收入组人均可支配收入 22419 元，中等偏上收入组人均可支配收入 29814 元，高收入组人均可支配收入 51456 元。

2012 年大陆城镇居民人均支配收入超过 3 万元的有：上海（40188 元）、北京（36469 元）、浙江（34550 元）、广东（30226 元）4 个省级单位；20 个省级单位城镇居民人均收入在 2—3 万元之间；有 7 个省级单位低于 2 万元。最低依次是甘肃（17237 元）、青海（17566 元）、

图 5-4　2002-2012 年中国城乡居民家庭人均收入

数据来源：《中国统计年鉴：2012》和《中华人民共和国 2012 年国民经济和社会发展统计公报》。

黑龙江（17921 元）等。城镇居民人均可支配收入增长较快的有新疆 15.5%、甘肃 15%。

2012 年全年农村居民人均纯收入 7917 元，比上年名义增长 13.5%；扣除价格因素实际增长 10.7%，比上年回落 0.7 个百分点。其中，工资性收入比上年名义增长 16.3%，家庭经营纯收入增长 9.7%，财产性收入增长 9.0%，转移性收入增长 21.9%。农村居民人均纯收入中位数 7019 元，名义增长 13.3%。按农村居民五等份收入分组，低收入组人均纯收入 2316 元，中等偏下收入组人均纯收入 4807 元，中等收入组人均纯收入 7041 元，中等偏上收入组人均纯收入 10142 元，高收入组人均纯收入 19009 元。全年农民工总量 26261 万人，比上年增加 983 万人，增长 3.9%；其中本地农民工 9925 万人，增长 5.4%；外出农民工 16336 万人，增长 3.0%。年末外出农民工人均月收入水平 2290 元，比上年增长 11.8%。

2012 年农村居民人均纯收入排五位的分别是上海（17401 元）、北京（16476 元）、浙江（14552 元）、天津（13537 元）、江苏（12202 元）；排名末五位的是：西藏（5646 元）、云南（5417 元）、青海（5364

元）、贵州（4753 元）、甘肃（4495 元）。农村居民人均纯收入增长较快的是新疆 17.5%、青海 16.4%。

2012 年城乡收入差距比较大的有贵州（3.93）、云南（3.89）、甘肃（3.83）、陕西（3.54），仍有 11 个省级单位比值大于 3。

地区间收入分配

中国东、中、西部的区位条件、原有基础以及政策倾斜等条件的差异，使得改革开放以来东、中、西部地区之间的差距呈现出不断扩大的趋势。特别是 20 世纪 90 年代以后，东部发展速度高于中、西部地区。从 1980 年到 2002 年，东部地区 GDP 名义年均增长速度与中、西部地区相比，分别高出 1.6 个和 1.7 个百分点，其中，1980—1990 年，东部地区 GDP 名义年均增长速度只比中、西部地区分别高 0.93 个和 0.5 个百分点；90 年代以后，随着东部市场化程度的不断提高，非公有制经济的迅速发展，特别是对外开放领域的不断扩大，东部发展动力明显强于中、西部，GDP 名义年均增长速度比中、西部分别高 2.2 个和 2.8 个百分点。

1978 年，中国东部地区与中、西部地区之间人均 GDP 的绝对差距分别为 153.6 元和 212.9 元，到 1990 年分别扩大到 700.1 元和 885.8 元，1998 年又分别扩大到 4270 元和 5490.9 元（以上均当年价格）。再从相对差距来看，在 1983—1998 年间，中国东部与西部地区人均 GDP 的相对差距系数则由 44.4% 迅速增加到 57.7%，西部地区的人均 GDP 水平已不到东部地区的一半。这种地区之间的不均衡发展，不仅限制了扩大内需，而且不利于西部地区的社会稳定，西部大开发、中部崛起、振兴东北工业基地等加强区域协调发展战略正是在这个背景下提出的。

进入 21 世纪以来，中国各地区的综合发展指数都在稳步提升，其中，东部地区明显高于其他地区，而西部地区的增速最快。2010 年综合发展指数排在前十名的地区分别为北京、上海、天津、浙江、江苏、

表 5-1 2011 年各地居民收入增长目标	
黑龙江 10%	福建 12%
吉林 11%	湖北 10%
辽宁 11%	湖南 10%
内蒙古 12%	四川 10%
北京 9%	重庆 13.5%
天津 10%	贵州 10%
河北 9% 左右	云南 10% 以上
河南：没有提具体指标	甘肃 12%
山西 10%	青海 10%
陕西 14% 左右	新疆 11%
山东 10% 左右	西藏 13% 以上
江苏 10% 左右	宁夏 10%
上海：居民人均可支配收入与与经济保持同步发展	广东 10%
安徽 10% 以上	广西 10%
浙江 9% 左右	海南 10%
注：数据来源为各省区市 2011 年政府工作报告	

广东、福建、辽宁、山东和重庆。2000—2010 年，综合发展指数年均增速排在前十名的地区分别为贵州、新疆、重庆、山西、四川、江西、西藏、安徽、宁夏和甘肃。从数据来看， 2012 年 GDP 排名前五位省份分别是广东（57068 亿元）、江苏（54058 亿元）、山东（50013 亿元）、浙江（34606 亿元），河南（30000 亿元），排名最后五个省份分别是：云南（10310 亿元）、新疆（7530 亿元）、贵州（6802 亿元）、甘肃（5569 亿元）和海南（2855 亿元）。2012 年增速最快的四个省分别为天津 13.8%、贵州 13.6%、重庆 13.6% 和云南 13%；增速最慢的四个省级单位是广东 8.2%、浙江 8%、北京 7.7%、上海 7.5%。

2012 年中共十八大指出，继续实施区域发展总体战略，充分发挥各地区比较优势，优先推进西部大开发，全面振兴东北地区等老工业基地，大力促进中部地区崛起，积极支持东部地区率先发展。采取对口支援等多种形式，加大对革命老区、民族地区、边疆地区、贫困地区扶持力度。

行业间工资差距

中国财富分配不均，一个重要表现就是初次分配中行业收入差距突出。不同行业、不同单位工作，收入差距还是很明显。从 1995 年到 2004 年的十年间，国有单位、城镇集体单位、其他单位中，一直是其他单位的平均工资水平最高，城镇集体单位的平均工资水平最低。但是从 2005 年以后，这种排名次序发生了细微的变化，国有单位的平均工资水平逐渐超过了其他单位，一跃成为三者中平均工资水平最高的单位。 2012 年全国城镇非私营单位就业人员年平均工资为 46769 元，而私营单位就业人员年平均工资为 28752 元。全国私营单位就业人员年平均工资仅为非私营单位平均工资水平的 61.5%。

2007 年 1 月，北京市民在选购肉类食品。

各个行业的平均工资水平有较大差距。综观近五年来各行业的平均工资水平，教育、公共管理和社会组织是平均工资水平变化或波动较大的两个行业，而其他行业的平均工资水平在所有行业的排序中位次变化并不明显，农林牧渔业一直是平均工资水平最低的行业。2012 年平均工资最高的三个行业分别是金融业 89743 元，是全国平均水平的 1.92 倍；信息传输、软件和信息技术服务业 80510 元，是全国平均水平的 1.72 倍；科学研究、技术服务业 69254 元，是全国平均水平的 1.48 倍。年平均工资最低的三个行业分别是农、林、牧、渔业 22687 元，是全国平均水平的 49%；住宿和餐饮业 31267 元，是全国平均水平的 67%；水利、

2008 年 7 月，北京央视新大楼下的农民工临时住所与饭碗，与城市元素形成对比。中国收入分配改革任重道远。

环境和公共设施管理业32343元，是全国平均水平的69%。最高与最低行业平均工资之比是3.96：1，比2011年的4.17：1差距有所缩小。

2012年，全国共有25个省份调整了最低工资标准，平均调增幅度为20.2%。月最低工资标准最高的是深圳市的1500元，小时最低工资标准最高的是北京市的14元。23个省份发布了2012年工资指导线，基准线提高幅度多在14%以上，为工资的较快增长提供了政策支撑。“十二五”期间，中国将形成正常的工资增长机制，职工工资收入水平合理较快增长，最低工资标准年均增长13%以上，绝大多数地区最低工资标准达到当地城镇从业人员平均工资的40%以上。

分配是民生之源。缩小贫富差距，实现共同富裕，实现发展成果人民共享，是人民群众的强烈诉求和期待。中国要深化收入分配领域的改革，加快完善初次分配机制，加快健全再分配调节机制，努力实现居民收入增长和经济发展同步、劳动报酬增长和劳动生产率提高同步。通过改革，着力提高城乡居民，特别是低收入者的收入，持续地扩大中等收入的群体，努力形成“橄榄型”收入分配结构。尽快扭转收入分配差距扩大趋势，降低基尼系数，采取有力措施缩小城乡间、区域间的收入差距。

中共十八大指出，千方百计增加居民收入。实现发展成果由人民共享，必须深化收入分配制度改革，努力实现居民收入增长和经济发展同步、劳动报酬增长和劳动生产率提高同步，提高居民收入在国民收入分配中的比重，提高劳动报酬在初次分配中的比重。初次分配和再分配都要兼顾效率和公平，再分配更加注重公平。完善劳动、资本、技术、管理等要素按贡献参与分配的初次分配机制，加快健全以税收、社会保障、转移支付为主要手段的再分配调节机制。深化企业和机关事业单位工资制度改革，推行企业工资集体协商制度，保护劳动所得。多渠道增加居民财产性收入。规范收入分配秩序，保护合法收入，增加低收入者收入，调节过高收入，取缔非法收入。

城市化和城乡一体化

城镇化是扩大内需的战略重点，也是社会转型发展的重要标志。从新中国成立到改革开放的三十年间，中国城镇人口比重变化不足 10 个百分点。而新世纪以来的十年间，按照统筹规划、合理布局、完善功能、以大带小的原则，一批城市发展总体规划制定实施，城市体系和功能不断完善，人口和经济的集聚能力不断增强，中国城乡结构发生历史性变化。城镇人口比重的变化已经超过了 15 个百分点。2002 年至 2012 年，中国城镇化率以平均每年 1. 22 个百分点的速度发展，城镇人口平均每年增长 1906 万人。2012 年，城镇人口比重达到 52.6%，比 2002 年上升了 13.5 个百分点，城镇人口为 71182 万人，比 2002 年增加了 20970 万人；乡村人口 65656 万人，减少了 14019 万人。

分地区看，中西部地区近年来城镇化发展速度较快，但与东部地区的差距仍然较大。西部城镇化发展速度快于东部，中部又快于西部。

2013 年 5 月 6 日，“中国·美丽雾渡河”城乡一体化研究示范基地授牌仪式在湖北宜昌市夷陵区政府举行。图为宜昌市夷陵区雾渡河镇集镇一角。

2014 年 5 月 27 日，北京天通苑地铁站，人们排队进行安检。

2011 年，东部地区城镇人口比重 61.0%，中部和西部城镇人口比重分别为 47.0% 和 43.0%，与 2010 年相比，东、中、西分别上升 1.1、1.7 和 1.6 个百分点。至 2011 年底，城镇人口比重超过 50% 的省份已达 15 个，湖北、山东、海南三省首次超过 50%；继上海市、北京市之后，天津市城镇人口比重 2011 年首次超过 80%。

2011 年年末在中国大陆总人口中城镇人口有 69079 万人，占总人口比重首次超过 50%，达到 51.3%，而在改革开放初期，中国城镇人口的比重尚不足 20%。城镇化进程的不断加快并不仅仅体现在城镇人口比重的增加上，2010 年中国城市人口密度是 2000 年城市人口密度的 5 倍，是 1990 年城市人口密度的 7.91 倍。在“十一五”期间，中国的城市人口密度经历了一个飞速发展的过程，2010 年的城市人口密度已经达到 2209 人 / 平方公里，而人口在 100 万以上的城市数量也由 2005 年的 113 个增加到 2010 年的 125 个。

与此相同步，城市化进程的加快对政府在发展公用事业、提供社会服务方面的能力提出了新的要求。新世纪以来，中国城市的公用事业都取得了明显的发展，各项人均指标总体上呈现出不断上升的趋势。20 年来，中国城市用水普及率提高了近 50 个百分点，而燃气普及率提高了超过 70 个百分点。近年来有关部门和地方不断加大市政设施建设，市政设施供给能力和服务水平明显提高。2011 年，城市人均道路面积达到 13.8 平方米，人均公园绿地面积达到 11.8 平方米，城市用水普及率、污水处理率分别达到 97%、83.6%。城镇吸纳就业的能力不断增强，带动了乡村劳动力不断向城镇转移。2011 年城镇就业人员 35914 万人，比 2002 年增加 10755 万人，年均增加 1195 万人。城镇就业人员占全国就业总量的比重为 47.0%，比 2002 年提高 12.7 个百分点。

在中国城镇化取得巨大成就的同时，中国也清醒地认识到，前进道路中还面临着诸多困难和挑战，主要是以下四个方面：

城市发展可持续性的挑战。土地、水、能源等是城市发展的重要物质基础，而中国人均资源能源都相对匮乏。同时，城镇化的低密度化倾向比较严重，城镇空间增长快于城镇人口增长。城镇化进程中占用国土空间过多，耕地减少过多过快，不仅威胁到国家粮食安全，也威胁到国家生态环境安全。

2012 年 8 月，刚完成旧村改造的浙江义乌市城西街道夏演村，颇具都市气派。

城镇化空间布局的挑战。中国城镇化水平呈现明显的东高西低特征，东部一些地区人口资源矛盾加剧，中西部许多地区的潜力还没有得到充分发挥。城市群数量不足与质量不高并存，中小城市潜力还没有得到充分发挥，小城镇数量多、规模偏小，集聚产业和人口能力有限。城镇空间分布和规模结构不合理，导致人口大规模流动、资源大跨度调运，既增加了社会成本，也加剧了人口资源环境间的矛盾。

城市公共服务供给能力的挑战。由于城市教育、医疗、社会保障、保障性住房等公共服务供给能力薄弱，大量进入城市的农民工并没有享受到与城市居民平等的公共服务。2011 年有 1.59 亿在城市工作半年以上的农民工及其家属，他们已经成为产业工人的主体，却不能完全融入城市生活，处于“半市民化”状态，长此下去，容易引发社会矛盾。

城市治理能力的挑战。随着人口向城市快速集中，城市配套设施建设与管理服务水平却难以适应，未能同步提升。近年来一些城市出现的交通拥堵、住房紧张、环境污染、事故灾害等问题，对城市治理能力形成新的挑战。同时，从规划、建设和运营等环节创新城市基础设施管理模式，也对城市政府提出新的要求。

数据统计显示，截至 2012 年，中国城镇化率 52.75%，但按户籍人口计算仅为 35% 左右。中国社科院发布 2013《城市蓝皮书》指出，2012 年中国城镇化率按照市民化标准，只有 42.2%，比国家统计局公布的常住人口城镇化率低 10.4 个百分点，低于世界 52% 的平均水平，与发达国家 70% 左右的水平更是有明显差距。随着城市化的推进，农村劳动力转移速度明显加快，就业总量矛盾突出，结构性矛盾加剧。特别是 2008 年的国际金融危机，更对就业形势产生了较大冲击，使中国就业面临着较大的压力。中国政府实施了更加积极的就业政策，采取多种措施努力扩大就业，同时加强了对失业的调控力度，积极稳妥地应对各种就业矛盾和国际金融危机对中国就业带来的不利影响，保持了就业形

图 5-5　2002-2012 年中国城镇化率

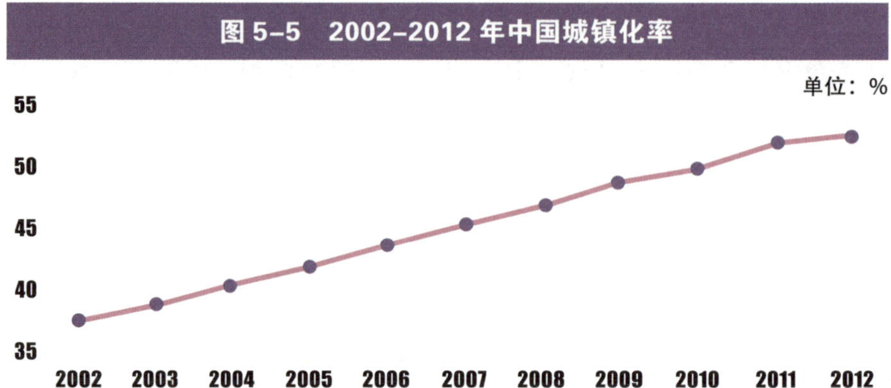

数据来源：《中国统计年鉴：2012》和《中华人民共和国 2012 年国民经济和社会发展统计公报》。

势的基本稳定。与此同时，环境治理和社会秩序等也受到了挑战。

城乡一体化是中国发展工业化、城镇化的必然过程，也是改变并最终消灭历史形成的城乡二元经济结构的有效途径。解决好农业农村农民问题是中国政府工作重中之重，城乡发展一体化是解决“三农”问题的根本途径。要加大统筹城乡发展力度，增强农村发展活力，逐步缩小城乡差距，促进城乡共同繁荣。中共十六大提出“统筹城乡经济社会发展”的战略部署。中共十七大提出“要建立以工促农、以城带乡的长效机制，形成城乡经济社会发展一体化新格局”的战略指导思想，标志着中国共产党已经把城乡关系的发展目标由城乡统筹提升为城乡一体化。中共十八大报告进一步提出，形成以工促农、以城带乡、工农互惠、城乡一体的新型工农、城乡关系。

推进城镇化是中国新一届领导层的施政理念之一，新型城镇化被定位为中国经济新的增长点。中共十八大指出：坚持走中国特色新型工业化、信息化、城镇化、农业现代化道路，推动信息化和工业化深度融合、工业化和城镇化良性互动、城镇化和农业现代化相互协调，促进工业化、信息化、城镇化、农业现代化同步发展。

社会保障：覆盖范围的逐步扩大

社会保障，是一个很重要的经济和社会问题。健全的社会保障体系是社会的“稳定器”、经济运行的“减震器”和实现社会公平的“调节器”。中国政府历来重视社会保障工作，早在建国初期就颁布了《中华人民共和国劳动保险条例》，初步建立起社会保障制度。新中国成立后特别是改革开放以来，国家又颁布了一系列政策法规。1997 年中共十五大明确提出，建立社会保障体系，实行社会统筹和个人账户相结合的养老、医疗保险制度，完善失业保险和社会救济制度，提供最基本的社会保障。2002 年以来，中国开始大力推进新型农村合作医疗、农村医疗救助、城市医疗救助、城镇居民基本医疗保险、农村低保、计划生育家庭奖励扶助、农村五保供养等制度的建设，并开展了新型

2014 年 3 月，广州市首次推出分配的 6709 套公共租赁住房第二批样板房开始向公众开放参观。

农村社会养老保险试点等工作。“十五”（2001—2005）时期，全国财政用于就业和社会保障方面的支出年均增长16.3%，占总支出的比重也提高2005年的11%。其中，中央财政对基本养老保险基金的补助支出从1998年的20亿元增加到2005年的545亿元，累计达到2826亿元。2005年五项保险基金总收入接近7000亿元，比2000年翻了一番还多，支撑能力显著提高。2005年国务院还下发了《关于完善企业职工基本养老保险制度的决定》。之后，中国出台了多项社会保障制度，社会保障框架日益健全。

2012年《中华人民共和国老年人权益保障法》修订颁布，《中华人民共和国军人保险法》颁布，《社会保障“十二五”规划纲要》发布并实施，《“十二五”期间深化医药卫生体制改革规划暨实施方案》发布并实施，《关于进一步加强和改进最低生活保障工作的意见》发布，六部委联合下发《关于开展城乡居民大病保险工作的指导意见》等。

城镇居民养老、医疗等各项保障都有所加强，农村居民的各项保障也逐步纳入了社会保障体系中。覆盖城乡居民的社会保障体系建设取得突破性进展，初步形成了以社会保险为主体，包括社会救助、社会福利、优抚安置、住房保障和社会慈善事业在内的社会保障制度框架。

社会保险覆盖范围的逐步扩大

2012年底，全国基本养老保险、基本医疗保险、失业保险、工伤保险和生育保险人数分别为30427万人、53641万人、15225万人、19010万人、15429万人，分别比2002年底增加28954万人、44241万人、5043万人、14604万人、15429万人，分别增加了19.6、4.7、0.5、3.3、和3.4倍。全国社会保险基金收入规模快速增长，在新世纪的第一个十年中，全国社会保险基金规模以每年两位数的速度增长，年增长率最低的是2001年，仍高达17.3%，2010年全国社保基金收入规模已达18822.8亿元。2012年全年五项社会保险（不含城乡居民社会养老保险）

图 5-6 2002-2012 年中国社会保险覆盖范围

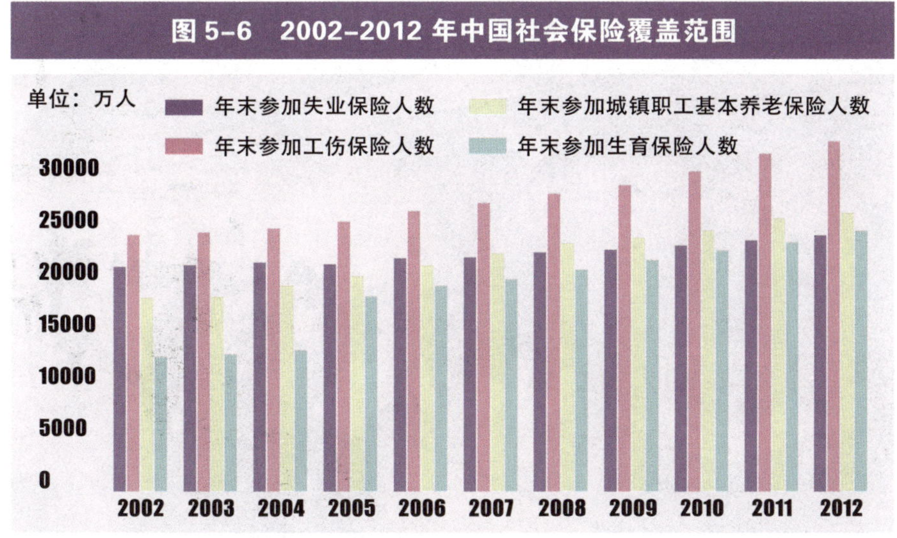

数据来源：《中国统计年鉴：2012》和《中华人民共和国 2012 年国民经济和社会发展统计公报》。

基金收入合计 28909 亿元，比上年增长 4866 亿元，增长率为 20.2%。基金支出合计 22182 亿元，比上年增长 4127 亿元，增长率为 22.9%。其中，养老保险制度进一步完善。新型农村和城镇居民社会养老保险提前 8 年实现了制度全覆盖。2012 年底，全国城乡居民参保人数达到 48370 万人，比上年底增加 15187 万人，13075 万城乡老年居民按月领取养老金。深入研究城乡养老制度衔接有关政策，制定实施军人退役养老保险关系转移接续政策。完成 2012 年企业退休人员基本养老金待遇调整工作，全国企业参保退休人员月人均基本养老金达到 1721 元，比上年增加 210 元。医疗和生育保险工作取得重大进展，失业保险工作取得积极成效，工伤保险工作成效显著。

城镇社会保障体系有所加强

2012 年底，全国参加城镇职工基本养老保险人数为 30427 万人，比上年末增加 2036 万人。其中，参保职工 22981 万人，参保离退休人

2014 年 5 月，江苏省南京市，市民在劳动和社会保障局社保中心办理社会保险。

员 7446 万人，分别比上年末增加 1416 万人和 619 万人，收入 20001 亿元，比上年增加 3106 亿元。连续第 8 年提高企业退休人员基本养老金水平，2012 年全国企业参保退休人员调整后的月人均基本养老金达到 1721 元。

全国参加城镇基本医疗保险人数为 53641 万人。其中，参加职工基本医疗保险人数为 26486 万人，比上年末增加 1258 万人；参加城镇居民基本医疗保险人数为 27156 万人，比上年末增加 5040 万人。收入 6062 亿元，比上年增加 1117 亿元。全国参加工伤保险人数为 19010 万人，比上年末增加 1314 万人；其中农民工参加工伤保险 7179 万人，比上年末增加 352 万人，收入 527 亿元，比上年增加 60 亿元。全国参加失业保险人数为 15225 万人，比上年末增加 908 万人，收入 1139 亿元，比上年增加 216 亿元。全国参加生育保险人数为 15429 万人，比上年末增加 1537 万人，收入 304 亿元，比上年增加 84 亿元。

农村社会保障体系趋于完善

建立农村最低生活保障制度，为农村生活困难人口提供兜底的基本保障，实现“困有所济”。据民政部统计，截至2011年底，农村最低生活保障制度覆盖了5313.5万人和2662.6万个农户，比2007年制度建立之初分别增长53.9%和69.3%；月人均最低生活保障平均标准和月人均支出水平分别为143.2元和96.4元，比2007年分别增长1倍和1.6倍。农村贫困人口不断下降。以低收入标准测算，农村贫困人口从2002年末的8645万人下降到2010年末的2688万人。2011年，中央决定将农民人均纯收入2300元（2010年不变价）作为新的国家扶贫标准，比2009年提高92%，按照新标准，年末农村扶贫对象为12238万人。把更多农村低收入人口纳入扶贫范围，这是社会的巨大进步。2012年，按照农村扶贫标准年人均纯收入2300元（2010年不变价），年末农村贫困人口为9899万人，比上年末减少2339万人。

2010年1月18日，安徽省蒙城县城关镇漆园社区农民展示刚办理的新型农村养老保险缴费证明。

推动新型农村社会养老保险，促进农民养老方式实现重大转变，实现“老有所养”。据人力资源和社会保障部统计，2011 年底，全国有 27 个省、自治区的 1914 个县（市、区、旗）和 4 个直辖市部分区县开展国家新型农村社会养老保险试点，新型农村社会养老保险试点覆盖 60% 的县市；新型农村社会养老保险试点地区参保人数 32643 万人，其中实际领取待遇人数 8525 万人。2011 年全年新型农村社会养老保险基金收入 1070 亿元，其中个人缴费 415 亿元；基金支出 588 亿元。基金累计结存 1199 亿元。

农村医疗制度逐步健全。从 2003 年起开始实行新型农村合作医疗制度，着力解决农民看病难看病贵问题，实现“病有所医”。据卫生部统计，2011 年新型农村合作医疗制度覆盖 8.32 亿人，农民参合率为 97.5%，新农合筹资总额达到 2047.6 亿元，人均筹资 246.2 元，补偿受益人次 13.15 亿。农村乡镇卫生院床位数和卫生人员数增加。2011 年末，

截至 2014 年 5 月，已经有天津、青海、山东、重庆、广东、宁夏、浙江等七个省份或社保统筹地区完成了城镇居民基本医疗保险和新型农村合作医疗制度的整合，并建立起统一的、城乡一体的居民基本医疗保险制度。

全国乡镇卫生院床位数为 102.6 万张，比 2002 年增长了 52.9%；乡镇卫生院卫生人员数为 116.6 万人，比 2002 年增长了 9.5%。2011 年，每千农业人口平均乡镇卫生院床位数和卫生人员数分别为 1.16 张和 1.32 人，比 2002 年分别增长 48.7% 和 11.8%。2012 年末，2566 个县（市、区）开展了新型农村合作医疗工作，新型农村合作医疗参合率 98.1%；1–9 月新型农村合作医疗基金支出总额为 1717 亿元，受益 11.5 亿人次。

2012 年十八大报告指出，社会保障是保障人民生活、调节社会分配的一项基本制度。要坚持全覆盖、保基本、多层次、可持续方针，以增强公平性、适应流动性、保证可持续性为重点，全面建成覆盖城乡居民的社会保障体系。改革和完善企业和机关事业单位社会保险制度，整合城乡居民基本养老保险和基本医疗保险制度，逐步做实养老保险个人账户，实现基础养老金全国统筹，建立兼顾各类人员的社会保障待遇确定机制和正常调整机制。扩大社会保障基金筹资渠道，建立社会保险基金投资运营制度，确保基金安全和保值增值。完善社会救助体系，健全社会福利制度，支持发展慈善事业，做好优抚安置工作。建立市场配置和政府保障相结合的住房制度，加强保障性住房建设和管理，满足困难家庭基本需求。坚持男女平等基本国策，保障妇女儿童合法权益。积极应对人口老龄化，大力发展老龄服务事业和产业。健全残疾人社会保障和服务体系，切实保障残疾人权益。健全社会保障经办管理体制，建立更加便民快捷的服务体系。

CSOS

中国经济发展的目标和对策

经过 60 余年的努力，中国经济发展取得了辉煌的成就，中国社会生产力、综合国力、人民生活水平大幅度跃升。伴随着中国经济体的壮大，中国经济发展的基础和条件也发生了变化。纵观国际国内大势，中国发展仍处于可以大有作为的重要战略机遇期。同时，中国仍然是世界上最大的发展中国家，正处于经济社会发展的关键时期和改革开放的攻坚阶段，既面临难得的历史机遇，也面临诸多可以预见和难以预见的风险挑战。特别是中国经济发展中不平衡、不协调、不可持续的问题依然突出，支撑经济高速增长的优势有所弱化，经济增长面临的资源环境约束增强；科技创新能力不强，制约科学发展的体制机制障碍依然较多；产业结构不合理，城乡区域发展不平衡，收入分配差距较大，深化改革开放和转变经济发展方式任务艰巨。机遇与挑战同在，必须坚定发展信心，又要增强忧患意识，未雨绸缪，坚持用发展和改革来解决前进中遇到的问题。

中国经济发展的倍增计划和远景目标

2012年11月中国共产党第十八次代表大会描绘了全面建成小康社会、加快推进社会主义现代化的宏伟蓝图，提出了中国经济发展的倍增计划，发出了向实现“两个一百年”奋斗目标进军的时代号召，明确提出要实现中华民族伟大复兴的中国梦。十八大提出的“两个百年”远景目标，一是到2020年中国共产党成立100年时，国内生产总值和城乡居民人均收入比2010年翻一番，全面建成惠及十几亿人口的小康社会。二是到2049年新中国成立100年时建成富强民主文明和谐的社会主义现代化国家。2010年中国国内生产总值397983亿元，到2020年翻一番要达到795966亿元；2010年城镇居民人均可支配收入19109元，到2020年翻一番要达到38218元；2010年农民居民人均可支配

2014年3月，安徽合肥江淮汽车生产车间。江淮汽车入围2014全球汽车品牌100强。

收入5919元，到2020年翻一番要达到11838元。一个是经济总量目标指标，一个是人民生活指标，两者是十八大报告中唯一的量化指标。也是十八大报告在谋求继续做大经济总量蛋糕的同时第一次明确提出了居民收入翻一番。

为实现以上的倍增计划与远景目标，正如十八指出的世情、国情、党情发生深刻变化，中国经济已步入新的发展阶段，所以，必须布局新的发展格局，形成新动力，才可以顺利完成以上发展目标。2013年3月17日，李克强在十二届全国人大一次会议举行的记者会上说，要实现2020年的目标，需要年均增长7%的速度，这不容易。但是，我们有有利的条件，有巨大的内需。关键在推动经济转型，把改革的红利、内需的潜力、创新的活力叠加起来，形成新动力，并且使质量和效益、就业和收入、环境保护和资源节约有新提升，打造中国经济的升级版。

2013年4月，建设中的天津海河两岸建筑。

为实现倍增计划与远景目标，中国首先立足扩大内需，保持经济持续健康发展。一方面，是就业的保障，据权威部门测算，中国现阶段要保就业，使城镇调查失业率控制在5%左右，经济增速就不能低于7.2%。另一方面，要实现2020年GDP比2010年翻一番的目标，今后几年经济年均增速至少要达到6.9%以上。所以跌破7%的“底线”是不允许的。

城镇化是中国扩大内需最大潜力所在，要把“四化协调”发展和城镇化这个最大内需潜力逐步释放出来。十八大报告提出：“坚持走中国特色新型工业化、信息化、城镇化、农业现代化道路，推动信息化和工业化深度融合、工业化和城镇化良性互动、城镇化和农业现代化相互协调，促进工业化、信息化、城镇化、农业现代化同步发展。”“四化同步”是对中国现代化历史进程的经验总结。推进城镇化是中国新一届领导层的施政理念之一，新型城镇化被定位为中国经济新的增长点。

2014年4月16日，山东青岛五菱特种车辆制造厂停车场停放的车辆

为实现倍增计划与远景目标，关键在推动经济转型，一要依靠改革促进转型；二要加强生态文明建设，以节能减排作为结构调整和创新转型的重要突破口。中国 30 多年来取得的巨大成就，靠的是改革开放，甜头已经尝到。在新的起点上要全面建成小康社会，加快转变经济发展方式，让群众过上更好生活，依然要靠改革开放。这是中国发展的最大“红利”。城镇化这个最大潜力的发挥，只有通过改革这个最大的红利才能实现。同时，资源相对不足、环境容量有限，已经成为新的基本国情，成为中国发展的“短板”，建设生态文明的现代化中国是中国发展的必然选择，2012 年 11 月 8 日，中共十八大提出“一定要更加自觉地珍爱自然，更加积极地保护生态，努力走向社会主义生态文明新时代”，生态文明建设与经济建设、政治建设、文化建设、社会建设一起被列为“五位一体”的总体布局，在未来发展中将占据越来越突出的地位。

中国经济面临的发展方式转变

中国经济发展方式转变的迫切性

改革开放以来，中国经济取得举世瞩目的成就，经济总量实现了空前的发展，中国在国际经济中的地位也大幅度提高。但长期以来中国经济发展方式粗放的特征比较明显，发展效率总体不高，发展代价过高过大，发展的不平衡不协调不可持续矛盾仍十分突出。

一是经济增长主要依靠工业带动，农业基础薄弱，基本还是“靠天吃饭”，农业科技进步贡献率只有51%，比发达国家低了约20个百分点，服务业增加值占国内生产总值的比重仅为40%。低于世界平均水平约30个百分点，而且主要以餐饮、商业等传统服务业为主，金融、保险、信息和现代物流等现代服务也正处在培育发展过程中。

2012年1月14日，三峡坝区湖北宜昌市夷陵区太平溪污水处理厂净化池对污水进行净化处理。

二是经济增长过于依赖物质资源的投入，依靠土地、劳动力等要素的低成本优势，单位国内生产总值消耗是世界水平的 2.78 倍，劳动者报酬占国内生产总值的比重不到 40%，比世界平均水平低了 10% 至 15%。

三是自主创新能力不强，缺乏核心技术，缺少知名品牌，中国产品的增加值率只有日本的 4.37%、美国的 4.38%、德国的 5.56%。也就是说，虽然很多产品标注为中国制造，但研究设计、关键部件和市场营销都在国外，只有加工、封装等等劳动力密集型环节在中国。转变经济发展方式、促进经济结构调整和产业优化升级的任务刻不容缓。

随着中国经济持续的高速增长，特别是 2008 年金融危机以来，国际经济政治环境发生深刻变化，中国战略机遇期的挑战因素明显增加，转变经济发展方式的客观压力加大。从国内发展环境看，特别是 21 世纪以来，重启重化工业，人口、资源、环境和能源的压力日益凸现，并困扰着中国经济可持续发展。劳动力无限供给的“人口红利”正在发生变化，资源价格正在攀升，环境制约越来越大，产能过剩问题严重，房地产拉动难以为继，这都使得经济发展成本明显上升，人口、资源、环境等成为中国经济转型的约束。

人均资源和能源短缺是制约中国未来经济发展的最主要因素。中国能源资源总量比较丰富，但由于人口众多，人均能源资源拥有量在世界上处于较低水平。煤炭和水力资源人均拥有量相当于世界平均水平的 50%，石油、天然气人均资源量仅为世界平均水平的十五分之一左右。同时，中国的能源利用率也很低，只有 32% 左右，比发达国家低了 10 个百分点，差距很大。中国的核能、太阳能、风能、潮汐能、地热能等新能源和再生能源的开发，与发达国家的差距也很大。

从能源消费的角度来看，中国一次能源生产和消费结构中，煤炭比重高达 76% 和 68.9%，是世界上煤炭比重最高的国家，和世界平均

2014 年 5 月，安徽省滁州市，工程技术人员正在风力发电场吊装发电风机。

水平（煤炭消费占 26.5%）以及工业化国家（煤炭消费占 21.4%）的能源结构相差甚远。煤炭比重过高，使中国能源系统效率明显降低，环境压力巨大。除了煤之外，中国实现现代化所需的石油、天然气资源也是非常多的，但国内所能提供的能源供给量却难以与之匹配。中国从 1993 年已经成为石油净进口国，石油进口量从 1993 年的 988 万吨增加到 2008 年的超过 2 亿吨，对外依存度也从 6.4% 上升到 52%。随着每年中国石油进口量的增加和缺少石油战略储备，中国很容易受到全球原油价格变化的影响。石油短缺将是中国未来一段历史时期能源安全的主要矛盾。

能源的需求和消费的大幅度增加，导致主要污染物的排放量增加，环境保护的压力加大。目前，一些地区环境污染和生态恶化已经到了相当严重的程度。水、大气、土壤等污染日益严重，固体废物、汽车尾气、持久性有机物等污染持续增加。另外，环境污染还从城市向农村扩展。近十年来，中国使用农药防治虫害效果显著，每年使用农药面积为23亿亩次，每年化肥施用量达2930万吨，但农药、化肥有效施用率仅为30%（仅为国外先进农业区的1/2），其余都挥发到大气中或随水流入土壤和江河湖泊，造成水域富营养化或饮用水源硝酸盐含量超标。全国90%以上的天然草原退化，生物多样性减少。同时，随着经济发展和人口增长，全球环境正在急剧恶化，臭氧层破坏、热带雨林消失、温室效应和酸雨等全球环境问题正严重威胁着人类自身的生存和发展。生态破坏和环境污染，给中国经济造成了巨大损失，给人民生活和健康带来严重威胁。

从国际上看，尤其是国际金融危机发生以来，一方面，出口需求增长受到影响，贸易保护主义加强；另一方面，新一轮的科技创新和产业升级态势显现，新兴行业和技术创新的国际竞争日趋激烈，国际环境发生深刻复杂变化，国与国之间的竞争，从某种意义上说就是发展方式的竞争。要在更趋复杂的国际环境中趋利避害，在更加激烈的国际竞争中把握主动权，必须加快构建更具活力更富有竞争力的发展方式。经济发展方式的选择是与发展环境密不可分的，国内国际发展环境的变化，使得加快转变经济发展方式成为中国经济社会发展面临的重大而紧迫的现实课题。中共十八大报告提出转变经济发展方式两大路径，“创新驱动”“扩大需求”，是发展战略的重大创新，具有紧迫的现实意义和长远的战略意义。

转变发展方式的方向

关于“转变经济增长方式”，早在20世纪80年代初实际上已经提出，1981年五届人大四次通过的政府工作报告提出了以提高经济效益为中心的发展国民经济十条方针，可以说是重视和尝试转变经济增长方式的开端。1982年中共十二大提出要把经济增长转变到依靠科技进步和提高劳动者素质上来。20世纪80至90年代初提出要围绕经济效益进行改革。随着中国买方市场市场的形成，1997年中共十五大再次重申要实现经济体制和经济增长方式两个“根本转变”；同年12月召开的中央经济工作会议上提出:“调整和优化经济结构,要转变经济增长方式,改变高收入、低产出，高消耗、低效益的状况。”进入21世纪以来，2002年中共十六大将新型工业化正式概括为：“坚持以信息化带动工业化，以工业化促进信息化，就是科技含量高、经济效益好、资源消耗低、环境污染少、人力资源优势得到充分发挥的工业化道路。”2003年中共十六届三中全会提出科学发展观；2005年十六届五中全会提出“建设资源节约型环境友好型社会”；之后，胡锦涛在中央党校讲话首次提出转变经济发展方式，中共十七大报告中突出“加快经济发展方式，推动产业结构优化升级”；十七届五中全会提出“加快转变经济发展方式是我国经济社会领域的一场深刻变革，必须贯穿经济社会发展全过程和各领域”，并提出“五个坚持”；十八大报告再次强调，要加快完善社会主义市场经济体制和加快转变经济发展方式，报告指出，在当代中国，坚持发展是硬道理的本质要求就是坚持科学发展。以科学发展为主题，以加快转变经济发展方式为主线，是关系中国发展全局的战略抉择，提出了实施创新驱动发展战略、推进经济结构战略性调整等五项要求。

其中，加快经济结构战略性调整，是要紧紧抓住的一条主线，是转变经济发展方式的核心。调整和优化经济结构，是促进经济发展，提高经济增长质量和效益的根本性措施；经济结构的每一次升级，都会带动经济发展上一个新台阶，这是经济发展的一个规律。同时，经济总量平衡同经济结构有着密切关系，只有在结构合理的基础上实现总量平衡，才能取得良好的宏观经济效益。经济结构是国民经济各组成部分的地位和相互比例关系，从宏观看，包括社会总需求结构、所有制结构、分配结构、产业结构、区域经济结构等；从微观看，包括企业组织结构、产品结构等。目前经济发展中的突出问题是结构不合理，结构调整缓慢。中国经济发展瓶颈制约主要表现就是各种结构不合理。

2013 年 10 月 15 日《国务院关于化解产能严重过剩矛盾的指导意见》发布，将改革重点锁定钢铁、水泥、电解铝、平板玻璃、船舶等五大严重产能过剩行业。

图 6-1 中国全面建设小康社会进展

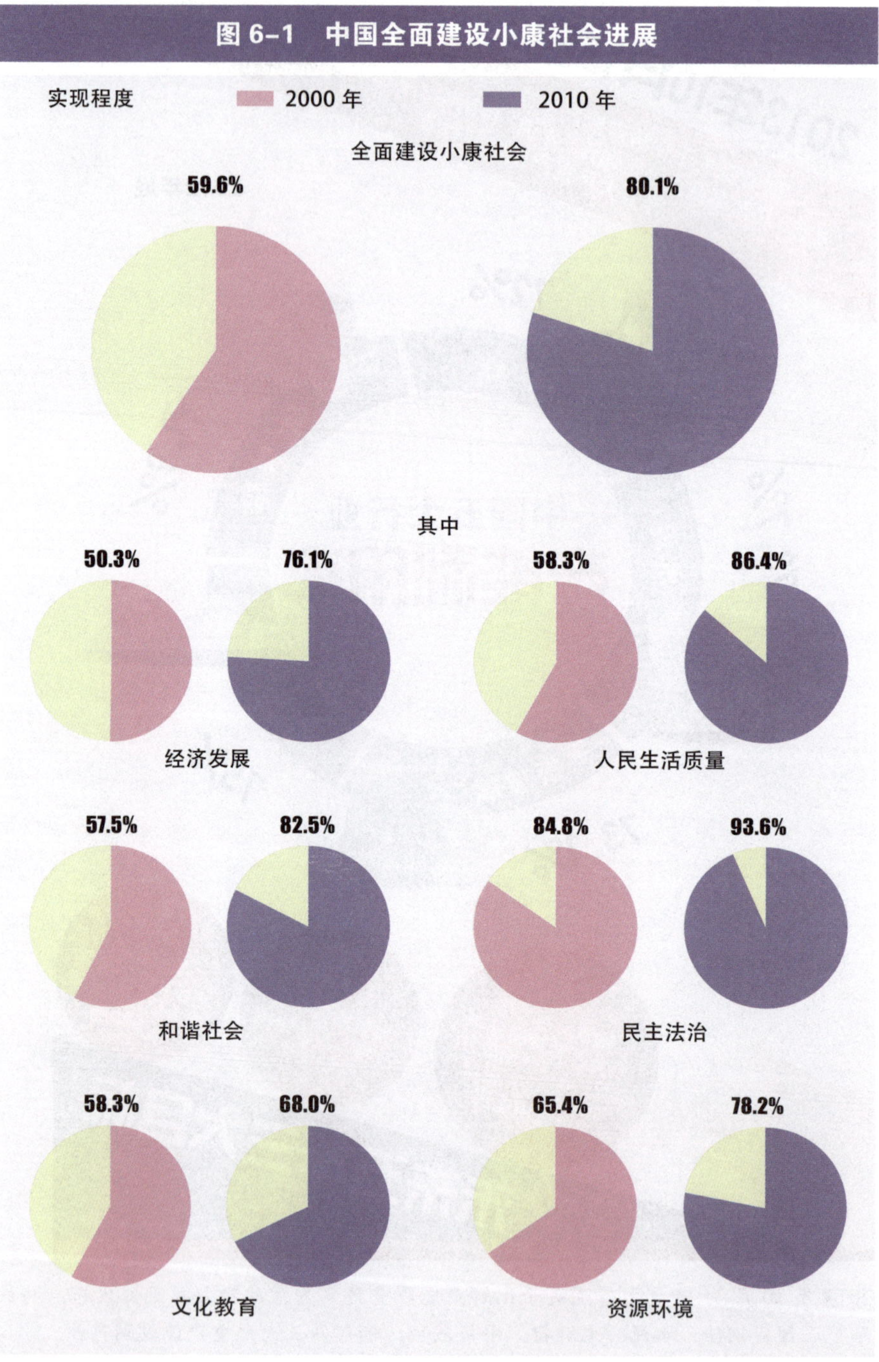

在需求结构上，过分依赖外需，而内需不足，中国经济的对外依存度不断提高，已达到 60％以上，其中出口占 GDP 的比重约为 40％。产业结构不合理，2012 年中国服务业增加值占国内生产总值的 44.6%，大大低于发达国家 70% 以上的份额，也比同等收入水平的发展中国家低 10 个百分点左右，就业比重也明显偏低。区域、城乡发展不平衡等。调结构对加快经济发展方式转变具有决定性意义。中共十七届五中全会指出，“十二五”时期是全面建设小康社会的关键时期，是深化改革开放、加快转变经济发展方式的攻坚时期，要坚持把经济结构战略性调整作为加快转变经济发展方式的主攻方向。

调结构方向是巩固农业基础地位，大力调整制造业，加快发展服务业。要夯实农业基础，保障农产品供给。把解决好“三农”问题作为全党工作重中之重，必须长期坚持、毫不动摇，决不能因为连年丰收而对农业有丝毫忽视和放松。中国有 13 亿人口，只有把饭碗牢牢端在自己手中才能保持社会大局稳定。要提高农业综合生产能力，严格保护耕地，大兴农田水利，加强科技服务，不断提升农业物质技术装

建好农村公路是中国促进“三农”问题的解决、加快全面建设小康社会进程的重要举措。

备水平。要稳定完善强农惠农富农政策，充分保护和调动农民生产经营积极性，使务农种粮有效益、不吃亏、得实惠。要在坚持和完善农村基本经营制度基础上，创新农业经营体制，加快发展现代农业。要加强绿色生产，从源头上确保农产品质量安全。大力调整制造业，加快发展服务业，服务业，既是当前稳增长、保就业的重要举措，也是调整优化结构、打造中国经济升级版的战略选择。现在，中国许多工业产品供过于求，服务业的增加值虽已经超过工业，就业人数已经超过农业，但仍有许多领域供不应求。增加服务业有效供给，提高服务业水平，可以释放巨大内需潜力，形成稳定经济增长的有力支撑，也会对经济结构优化和质量价值提升产生放大效应。同时，服务业还是最大的就业容纳器。

中国国内生产总值增长几乎有一半以上来自于第二产业，调整经济结构的关键是抓产业结构。当前中国经济社会发展中存在的突出矛盾和问题之一，就是产能相对过剩的矛盾有所加剧。2012 年，除了钢铁、水泥、平板玻璃、煤化工、造船等传统行业产能大量过剩外，氮肥、电石、氯碱、甲醇、塑料等一度热销的化工产品也因为产大于需而销售困难；铜、铝、铅锌冶炼等有色行业生产形势低迷，产能过剩问题凸现。甚至多晶硅、风电设备等新兴产业领域的产品也出现产能过剩，大型锻件也存在着产能过剩的隐忧。产能过剩已经越来越成为中国经济运行中的突出矛盾和诸多问题的根源。调结构的重点则是化解产能过剩，2012 年中央经济工作会议指出，把化解产能过剩矛盾作为调整产业结构的工作重点。

没有完成的双重任务：政府转型与市场建设

中国的改革充分调动了各种积极因素，使生产要素在市场引导下得以充分结合和不断优化配置，充分发挥了中国劳动力资源丰富的优势，充分发挥了沿海地区的区位优势，以及充分利用海外资本以弥补国内资本不足和技术落后，使得中国经济总量实现了空前的发展。应该说，没有改革开放打破单一公有制和计划经济体制，就不可能有中国经济连续 30 多年的高速发展和人均收入由 100 多美元达到今天的 6000 美元，成为世界第二大经济体。中国作为一个世界上最大的发展

2014 年 4 月 3 日，北京市西城区党政考察团到河北廊坊进行座谈交流，与廊坊市官员就各自区域经济发展现状及优势产业项目进行洽谈，推进产业结构升级转型合作等。

中国家，在以工业化、市场化、城镇化为标志的经济现代化过程中历尽艰难曲折，终于懂得了必须依靠市场调节和政府调控的“双轮驱动”，明白了政府与市场的各自职能和边界并不是固定不变的，而是因时、因地、因事而随时调整的，从而可以避免经济发展过程中的“市场失灵”和“政府失灵”。

首先，就经济发展模式来说，中国必须对传统工业化或现代化的目标价值进行重新审视。近一个半世纪来，中国现代化道路，先后虽然经历“西方自由资本主义”“国家资本主义”“传统社会主义”与“市场社会主义”等四次经济发展模式的选择和实践，但始终都以学习西方、追赶西方的传统工业化为核心概念与实践逻辑；然而，经济的快速发展和诸多经济社会问题的出现，深刻地影响到人类当代及其后代的幸福生活，人们便不禁重新拷问以传统工业化为核心的经济发展目标价值。历史似乎向人们昭示：中国的现代化既不能绕过工业化阶段，又必须避免走传统工业化的老路；而社会经济发展中的各种问题，既要通过加快发展逐步解决，又不能消极等待发展来解决。因此，中国的现代化发展必须充分考虑人、自然、社会的协调发展，走“绿色”与“和谐发展”的生态现代化之路。

其次，就经济社会发展中政府与市场的经济职能而言，政府的宏观调控与市场经济调节均是现代经济发展的必须。新中国 60 多年来，经历了由一只政府“看得见的手”到政府与市场“双管齐下”，由集中资源配置、实行计划经济到“两只手”相互配合的社会主义市场经济。20 世纪 80 年以来，在世界范围内，一方面，计划经济的破灭和出于对政府过度干预的担忧导致市场“迷信”盛行，以“新自由主义”为代表的许多学者大力呼吁让政府回归到古典主义的“守夜人”角色中来；另一方面，“市场失灵”特别是 2008 年的世界金融危机，又使人们对政府经济职能寄予厚望。政府与市场的关系就仿佛跷跷板的两

北京市怀柔区加强生态文明建设，努力打造优美的生态环境。

头，要么此上彼下，要么此下彼上，难以协调和平衡，至今仍然是一个没有解决的难题。但是，正如市场失灵并不必然导致政府过度干预，同样政府失灵也并非必然要求构建不受干预的市场。实际上，政府经济职能绝不是要不要权力或其大小的问题，也不是简单的职能强化或弱化的问题，而是政府与市场职能如何正确分工、各就其位、准确定位和相互配合的问题，关键是政府管理职能既不“缺位”也不“越位”，而应是全面落实“到位”的问题。

第三，克服“政府失灵”，关键在于政治民主与科学决策。历史告诉我们，实现政府职能和发展方式转变，建立生态文明和“和谐社会”，需要全体人民的共同努力。在市场经济条件下，“市场失灵”要求政府干预，而政府干预时又同时面临“政府失灵”的危险，实际上，就世界范围来说，无论是发达国家还是发展中国家，都遇到过双重“失灵”的问题。按照西方经济学的观点，“政府失灵”的主要原因有三：1. 决策信息不完全和不及时；2. 政府机构和官员的自利动机；3. 难以预期的企业和居民对政府计划的反应。对此，信息化大大降低了民众广泛参与政府经济决策的成本，提高了及时性，同时民众的意见得到尊重就会与政府政策保持一致，民众充分参与并发表意见，政府官员手中的公共权力和私立动机也能得到了较好的监督和有力制约。这些恰恰是中国协商民主政治的内涵所在，也是决策科学化的基础性条件，因而也是克服政府与市场双重“失灵”的关键因素。中国之所以实行“社会主义市场经济”，就是要用社会主义的“人民当家作主”性质来克服市场和政府的双重“失灵”问题。2013 年十二届人大一次会议通过的国务院机构改革和职能转变方案提出 的“必须坚持人民主体地位，最广泛地动员和组织人民依法管理国家事务和社会事务”，即反映了这个思想。

就现实来说，从 1978 年改革开放算起，中国的市场化改革已经历了 35 个年头，社会主义市场经济体制框架已经基本建立起来，但是从政府与市场关系的处理来看，任务仍然没有完成。一方面，政府经济职能转变还没有实现，越位、缺位、错位问题很多，在消除市场失灵的宏观经济调控方面还存在很多问题，中央政府与地方政府的关系还没有完全理顺。中央政府的宏观调控问题，转移支付的有效使用问题，地方政府的财权与事权不一致问题，国企的垄断问题。另一方面，市场建设还任重道远，市场诚信失范、秩序混乱、不公平竞争、价格扭曲等市场不成熟的表现随处可见。对企业违法行为有效监管和消除负外部性的能力还很弱。主要是市场监管问题，企业的外部性（尤其是环境）、社会责任，政府的监管不到位。因此，加快政府经济职能转变，进一步优化政府与市场关系，促进经济发展模式实现实质性转变，已经成为当前国家经济社会发展战略的必然选择。

2012年中共十八大报告中提出："深化改革是加快转变经济发展方式的关键。经济体制改革的核心问题是处理好政府和市场的关系，必须更加尊重市场规律，更好发挥政府作用。"2012年11月21日，李克强在国务院召开的全国综合配套改革试点工作座谈会上也强调指出"改革是中国最大的红利"。2013年7月23日，习近平在湖北省武汉市主持召开部分省市负责人座谈会强调，必须以更大的政治勇气和智慧，不失时机深化重要领域改革，攻克体制机制上的顽瘴痼疾，突破利益固化的藩篱，进一步解放和发展社会生产力，进一步激发和凝聚社会创造力。

改革再出发：2013 年的新部署

35 年来，中国共产党以巨大的政治勇气，锐意推进经济体制改革，不断扩大开放，决心之大、变革之深、影响之广前所未有。

随着中国工业化、市场化、城市化、国际化、民主化的推进，经济体制也必须与时俱进，不断调整和改革，以适应发展的需要。如前所述，中国的发展成就很大，但是发展中遇到的困难和问题也不少。正如习近平在《关于〈中共中央关于全面深化改革若干重大问题的决定〉的说明》中所说："当前，国内外环境都在发生极为广泛而深刻的变化，我国发展面临一系列突出矛盾和挑战，前进道路上还有不少困难和问题。比如：发展中不平衡、不协调、不可持续问题依然突出，

2014 年，建设中的辽宁大连市金普新区，它将引领辽宁省沿海经济带加速发展。

科技创新能力不强，产业结构不合理，发展方式依然粗放，城乡区域发展差距和居民收入分配差距依然较大，社会矛盾明显增多，教育、就业、社会保障、医疗、住房、生态环境、食品药品安全、安全生产、社会治安、执法司法等关系群众切身利益的问题较多，部分群众生活困难，形式主义、官僚主义、享乐主义和奢靡之风问题突出，一些领域消极腐败现象易发多发，反腐败斗争形势依然严峻，等等。解决这些问题，关键在于深化改革。”

面对新形势、新任务，中国必须通过全面深化改革，着力解决发展面临的一系列突出矛盾和问题，不断推进中国特色社会主义制度自我完善和发展。2013 年 4 月 20 日，中共中央发出《关于对党的十八届三中全会研究全面深化改革问题征求意见的通知》。各地区、各部门一致认为，中共十八届三中全会重点研究全面深化改革问题，顺应了广大党员、干部、群众的愿望，抓住了全社会最关心的问题，普遍表示赞成。

《中共中央关于全面深化改革若干重大问题的决定》（以下简称《决定》）就是在这个背景下形成的。中共中央在起草《决定》时，突出了五个方面的考虑：一是适应中共和国家事业发展新要求，落实十八大提出的全面深化改革开放的战略任务。二是以改革为主线，突出全面深化改革新举措，一般性举措不写，重复性举措不写，纯属发展性举措不写。三是抓住重点，围绕解决好人民群众反映强烈的问题，回应人民群众呼声和期待，突出重要领域和关键环节，突出经济体制改革牵引作用。四是坚持积极稳妥，设计改革措施胆子要大、步子要稳。五是时间设计到 2020 年，按这个时间段提出改革任务，到 2020 年在重要领域和关键环节改革上取得决定性成果。由此可以看出，《决定》谋划了未来中国改革和制度建设的走向和目标，是指引未来中国改革的纲领性文献。

2013年11月，中共十八届三中全会《中共中央关于全面深化改革若干重大问题的决定》指出，要加快构建新型农业经营体系，赋予农民更多财产权利，推进城乡要素平等交换和公共资源均衡配置。

2013年11月中共十八届三中全会通过的《决定》，合理布局了全面深化改革的战略重点、优先顺序、主攻方向、工作机制、推进方式和时间表、路线图，形成了改革理论和政策的一系列新的重大突破，是全面深化改革的又一次总部署、总动员。

《决定》以中国当前亟待解决的重大问题为提领，按条条谋篇布局。除引言和结束语外，共16个部分，分三大板块。第一部分构成第一板块，是总论，主要阐述全面深化改革的重大意义、指导思想、总体思路。第二至第十五部分构成第二板块，是分论，主要从经济、政治、文化、社会、生态文明、国防和军队6个方面，具体部署全面深化改革的主要任务和重大举措。第十六部分构成第三板块，讲组织领导，主要阐述加强和改善中国共产党对全面深化改革的领导。

关于改革的总目标，《决定》提出："全面深化改革的总目标是完善和发展中国特色社会主义制度，推进国家治理体系和治理能力现代化。必须更加注重改革的系统性、整体性、协同性，加快发展社会主义市场经济、民主政治、先进文化、和谐社会、生态文明，让一切劳动、知识、技术、管理、资本的活力竞相迸发，让一切创造社会财富的源泉充分涌流，让发展成果更多更公平惠及全体人民。”

《决定》指出：“全面深化改革，必须立足于我国长期处于社会主义初级阶段这个最大实际，坚持发展仍是解决我国所有问题的关键这个重大战略判断，以经济建设为中心，发挥经济体制改革牵引作用，推动生产关系同生产力、上层建筑同经济基础相适应，推动经济社会持续健康发展。”关于经济、政治、文化、社会、生态文明、国防和军队、中国共产党的建设等方面改革的关系，《决定》提出：“经济体制改革是全面深化改革的重点，核心问题是处理好政府和市场的关系，使市场在资源配置中起决定性作用和更好发挥政府作用。”

2013 年 11 月发布的《中共中央关于全面深化改革若干重大问题的决定》用单独的一部分对深化财税体制改革作出部署，提出“改进预算管理制度”。

关于改革的方法，《决定》提出：“最重要的是，坚持党的领导，贯彻党的基本路线，不走封闭僵化的老路，不走改旗易帜的邪路，坚定走中国特色社会主义道路，始终确保改革正确方向；坚持解放思想、实事求是、与时俱进、求真务实，一切从实际出发，总结国内成功做法，借鉴国外有益经验，勇于推进理论和实践创新；坚持以人为本，尊重人民主体地位，发挥群众首创精神，紧紧依靠人民推动改革，促进人的全面发展；坚持正确处理改革发展稳定关系，胆子要大、步子要稳，加强顶层设计和摸着石头过河相结合，整体推进和重点突破相促进，提高改革决策科学性，广泛凝聚共识，形成改革合力。”

《决定》还制定了改革的时间表，并考虑到改革的循序渐进、统筹配套问题。一方面要求“到 2020 年，在重要领域和关键环节改革上取得决定性成果，完成本决定提出的改革任务，形成系统完备、科学规范、运行有效的制度体系，使各方面制度更加成熟更加定型。”另一方面，习近平在关于《决定》的说明中又强调：“我们讲胆子要大、步子要稳，其中步子要稳就是要统筹考虑、全面论证、科学决策。经济、政治、文化、社会、生态文明各领域改革和党的建设改革紧密联系、相互交融，任何一个领域的改革都会牵动其他领域，同时也需要其他领域改革密切配合。如果各领域改革不配套，各方面改革措施相互牵扯，全面深化改革就很难推进下去，即使勉强推进，效果也会大打折扣。”

《决定》实施以来，到 2014 年 2 月，中共中央成立了“中央全面深化改革领导小组及其办公室”，设立了 6 个专项小组，明确了贯彻落实三中全会改革举措分工方案，分解了 336 项任务，并确定了协调单位、牵头单位、参加单位。这些机构已经开始紧锣密鼓运转。

为了进一步推进《决定》的贯彻落实，习近平在 2014 年 2 月 17 日指出：我们在学习宣传全会精神上还要下细功夫、苦功夫、深功夫，夯实全面深化改革的思想认识基础。在学习理解上，要防止一知半解、断

《中共中央关于全面深化改革若干重大问题的决定》提出要健全国家自然资源资产管理体制，划定生态保护线。图为工人正在处理福建一企业发生污染泄露的污水池。

章取义、生搬硬套，要弄清楚整体政策安排与某一具体政策的关系、系统政策链条与某一政策环节的关系、政策顶层设计与政策分层对接的关系、政策统一性与政策差异性的关系、长期性政策与阶段性政策的关系，既不能以局部代替整体、又不能以整体代替局部，既不能以灵活性损害原则性、又不能以原则性束缚灵活性。在贯彻落实上，要防止徒陈空文、等待观望、急功近利，必须有时不我待的紧迫意识和夙夜在公的责任意识抓实、再抓实。改革是循序渐进的工作，既要敢于突破，又要一步一个脚印、稳扎稳打向前走，确保实现改革的目标任务。

总之，全面深化改革是为了优化中国发展的体制机制，实现国家治理体系和治理能力现代化，为中国的全面、可持续发展提供动力和保障。

中国经济发展的机遇和有利条件

世界发展的大趋势没有变。和平、发展、合作仍是时代潮流，国际环境总体上有利于中国和平发展。这包括，第一，传统大国与新兴大国之间虽然存在矛盾，但双方都正通过协商的方式来解决分歧；第二，新兴国家之间更多的是合作，而非对抗；第三，虽然目前地区性冲突不断（叙利亚问题等），恐怖主义等非传统安全问题依然存在，但这些冲突仅是局部的，并未对整个世界安全形势产生重要影响。和平发展的国际大趋势对中国的顺利发展有着重要作用。

虽然中美两国之间的分歧有所扩大，但中美在国际及地区层面均存合作空间。在国际层面，中美在促进世界经济复苏、应对全球气候

2014 年全球服务外包大会于 6 月 14—16 日在青岛举行。包括美国、英国、德国、法国等 20 多个国家和地区的代表参会，同时，微软、IBM 、毕马威等世界 500 强企业也均派代表参加。

变化和非传统安全等问题上存在合作空间；在地区层面，如朝鲜半岛问题上的合作。虽然美国近期为朝鲜半岛紧张局势造势，但美国也并不希望朝鲜局势失控。不论是出于维护周边局势稳定，还是为经济发展营造和平环境，中国不希望朝鲜局势失控。因此，中美在维护朝鲜局势方面有共同利益。同样，在中国与其他周边国家的局势上，美国也与中国有着共同的立场。

其次，中国发展的潜力还是巨大的。首要的潜力是需求潜力，分为投资需求潜力和消费需求潜力。就投资需求潜力而言，主要指工业化、城镇化合农业现代化的任务都没有完成。2011 年中国城镇化率超过 50%，是中华民族历史上第一次出现的城镇化进程标志性节点。但是根据发达国家的经验，城镇化率到 70% 才能稳定下来。如果以一年城镇化率提高 1 个百分点计算，那么今后 20 年中国还处在工业化、城

2014 年 4 月，重庆市云阳县北部新区稻场村，即将竣工的“政府廉住房集中连片开发区”雏形已具。该项目作为政府实施“东进西扩”城镇化战略的一个有机组成部分，首先将解决低保人群的“安居”问题。

镇化化快速推进的过程中。每增加 1 个城市人口，平均起来需要的城市基础设施投资就要 10 万元，如果加上公共服务投资，需求量就更大。一年增加 1 个百分点就是 1300 万人，就是 1.3 万亿元的城市基础社会投资需求。所以，在城镇化还没有完成之前，城镇化所带来的需求将是支撑未来 20 年中国经济平稳较快发展的最大潜力所在。

从消费潜力来看，2010 年中国的投资率创造了新纪录，达到 48.6%；最终消费率下降到 47.4%，创造了历史的最低点。投资率第一次高于最终消费率，在世界上也是绝无仅有的。居民消费率下降到 33.8%，意味着近一半的 GDP 用于扩大再生产，1/3 用于老百姓消费，这样的结构扭曲不可能良性循环，必然带来生产能力的严重过剩。所以转变经济发展方式的首要转变就是调整需求结构，扩大消费。如果居民消费率大幅度提升，那么未来 20 年经济就可以实现平稳较快增长。

另外，劳动力红利仍然存在。目前中国农村人口 6.6 亿，农业劳动力 2.8 亿；中国耕地有 18 亿亩，1 个劳动力只能种 6.4 亩，美国 1 人能种几千亩地，欧洲 1 人能种几百亩。现在中国农业机械化条件已经提高，特别是大田作物可以全过程机械化。如果这件事可以推动的话，那么 2.8 亿农业劳动力留 8000 万人种地足够了，还有 2 亿人可以转移出来，足以支持未来 20 年中国工业化、城镇化对劳动力的需求。

中国发展的基本面没有变。工业化、信息化、城镇化、市场化、国际化深入发展，内需潜力巨大，资金供给充裕，科教水平整体提升，劳动力素质提高，基础设施日益完善，政府宏观调控和驾驭重大挑战的能力明显增强，社会大局保持稳定。

挑战前所未有，机遇也前所未有。机遇大于挑战。综合判断国际国内形势，中国发展仍处于可以大有作为的重要战略机遇期。只有抓住眼前的重要战略机遇期，抢占新的发展制高点，中国才可能在全球经济版图上巍然屹立，否则将再次拉大同世界先进水平的距离。

结　语

1978 年改革开放以来，中国经济实现了长达 35 年的持续、快速增长，成为了世界经济增长的引擎之一，在全球经济中扮演日益重要的角色。中国在发展经济和促进经济多元化方面成就斐然，在减少贫困和改善人民生活水平方面也取得令世界瞩目的成就。中国有着快速发展的市场容量和潜力巨大的发展空间。中国的大量进口使中国遍布全球的贸易伙伴纷纷受益，一些国家更是因此走出了经济停滞的阴影。中国良好的投资环境，为各国投资者提供了创业的机遇，成为很多外商投资者的首选之地。中国出口的商品物美价廉，不仅满足了进口国广大消费者的需要，也有助于进口国抑制通货膨胀，保持经济的稳定。中国企业到海外投资增加了当地的财政收入，创造了就业机会，在促进当地的经济发展中发挥了积极作用。总之，随着中国经济体规模的扩大，中国不仅已经成为世界经济增长的发动机，更促进了世界贸易水平的提高，还为世界投资创造了机遇。

当前国际经济复苏艰难，中国经济在取得成绩的同时，一些长期积累的矛盾凸显，中国经济发展已步入转型期。中国经济现在正处于增长速度换档期，结构调整阵痛期，刺激政策消化期。中国政府将运用经济运行合理区间和宏观经济政策框架的总体思路，在稳增长、保就业下限和防通胀上限的合理区间内，坚持主线是转变经济发展方式，主动力是改革攻坚，着力点是调整经济结构，以实现经济长期持续健康发展。首先使经济避免大的波动，保持平稳运行。2012 年，中国通过加强和改善宏观调控，着力稳增长、调结构、抓改革、促民生来确保解决稳中求进，可以说，已取得经济成效，2012 年 GDP 总量增长 7.8%。2013 年中国经济增长的预期目标是国内生产总值增长 7.5% 左右。同时，中国经济结构矛盾凸显，调结构是中国政府发展经济面临的主要问题。

目前中国经济发展进入了转型关键时期，其基本的经济政策为：宏观政策要稳，微观政策要活，社会政策要托底。现在和今后一段时间里面临的主要问题：（1）发展方式转变（产业结构调整为主）；（2）政

2005年4月22日，与博鳌亚洲论坛年会相“伴生”的“中国和平崛起与亚洲的新角色”圆桌会议开幕。

府职能转变；（3）城镇化；（4）防范金融风险;(5)民生问题（就业和收入分配）。

中国的经济不会崩溃，中国的现代化任务还没有完成，中国需要做的事情还很多，中国还依然走在建设一个“富强、民主、和谐”国家的道路上。秉承“与邻为善、以邻为伴”文化、追求“和谐万邦”理念的中国，不仅现在不是、将来也不会是世界的威胁，而且会成为世界和平、发展与稳定不可缺少的重要力量。

2012年12月5日，中国国家主席习近平同在华工作的外国专家代表座谈时提出：“我们的事业是同世界各国合作共赢的事业。国际社会日益成为一个你中有我、我中有你的命运共同体。面对世界经济的复杂形势和全球性问题，任何国家都不可能独善其身、一枝独秀，这就要求各国同舟共济、和衷共济，在追求本国利益时兼顾他国合理关切，在谋求本国发展中促进各国共同发展，建立更加平等均衡的新型全球伙伴关系，增进人类共同利益，共同建设一个更加美好的地球家园。”这些话代表了中国人民的心声。